MAKINO

—生誕160年　牧野富太郎を旅する—

高知新聞社　編

朝な夕なに草木を友にすれば淋しいひまもない

目次

プロローグ

真ん中に洋装の老人　4

利尻

鹿追う猟師は山見ず　7／北の名峰を目指す　9／小樽から洋上の旅　11／茫漠の海に浮かぶ　13／頂上未だ見えず　15／山で夜を明かす　18／未知の植物がある　20／発見と神秘的体験　22／見逃してはならない　25

屋久島

人気講師、南へ　28／月給15万円？の東大助手　30／龍馬とミヤマキリシマ　32／日本の植生の縮図　34／ひょっこりヤッコソウ　37／見てはいけないもの　40／渾身の「大日本植物志」　42／ウィルソンのハート　46／照葉樹林のトンネル　48／愛好家になればよい　52

東京

先に進んで出ねば 55／人生を定める旅へ 57／植物学者の出発点 60／「政治」との決別 62／土佐からの珍しい男 65／日本植物誌作りたい 68／世界的発見「ムジナモ」 71／大学出入りを禁ず 74／ロシアに行きたい 77／海南土佐の一男子 80

神戸

六甲高山植物園を指導 83／兵庫県花「ノジギク」 85／生涯直らぬ悪癖？ 88／1億円？の蔵書 91／標本を売るしかない 94／篤志家は大学生 97／牧野公園からの眺望 100／蜜月から池長問題へ 103／破綻した「美しい物語」 106／時が解決した「池長問題」 109

仙台

まあ恋女房ですネ 112／恋する2人の「壁」 115／愛の巣と苦悩と 118／寿衛《すえ》のビジネス 121／苦労と幸福の日々 124／学位とマイホーム 127／ライバル？南方熊楠《みなかたくまぐす》 130／新種のササを発見 133／もう眠らせてください 136／世の中のある限り… 138

晩年の東京

名声確立した「図鑑」 142／江戸川で至福の昼寝 144／「牧野ブランド」の図鑑 146／東大の

講師を辞任　149／天から授かった健康体　152／図鑑出版競争を経て　155／あなたは国の宝です　160／生き返った博士　163／百まで生きたいもんじゃ　166／植物を愛した幸福　169

佐川、そして今

「親の味」を知らない　172／金峰《きんぷ》神社の急な石段　174／佐川山分《さんぶん》学者あり　177／バイカオウレンの群落　180／死後の大きな宿題　182／まずは標本清掃から　185／標本を死なせるな　188／標本と対話した40年　190／庭にしゃがむ曽祖父　192／己を捨て、自然の中へ　195

「大人物　牧野富太郎」――いとうせいこう　198～199

牧野富太郎　全国踏査・ゆかりの地マップ　200～215

牧野富太郎の生涯　略年譜　216～221

新装版あとがき　222～223

表紙写真：（表）大日本植物志第一巻第四集第十五図版おほやまざくら／（裏）同第十六図版ほていらん

真ん中に洋装の老人

ハイキングにしては歩みが遅い。歩いては立ち止まり、立ち止まっては歩きだす。多くの人は、奇妙な形をしたかばんのようなものを肩から提げている。

その不思議な集団の中心に、ちょうネクタイを結んだ洋装で白髪の老人がいる。皆、楽しそうであり、老人も笑顔を絶やさない。

山や自然を題材にした多くの作品のある詩人、尾崎喜八（1892～1974年）もそうした中にいて、著書「山の絵本」にその一場をこう書き残している。

〈「先生これは何ですか」「それはサワヒヨドリ。フジバカマとは違う」「先生これは」「センダングサ」「先生これは何と申しますか」「これはヤブマメ。こっちはネコハギ」「これはネバリタデ。そらこの通りねばるだろう」僕も伺う。「先生これは何で

尾崎喜八が参加した採集会とは異なるが、愛好者に囲まれて植物談議をする牧野富太郎（1937年6月、神奈川県の平塚海岸＝高知県立牧野植物園所蔵）

ございますか」「これはヤマハッカ。これがヒメジソ。これはシラヤマギク。こっちがヤマシロギク。間違えないように。シラヤマ、ヤマシロ」〉

「昭和」という時代が始まったばかりのころだ。東京も郊外に足を延ばせば、手つかずの自然が残っている。このような植物採集会の場所に困ることはない。「胴乱」と呼ばれる採集用の箱を提げ、西の郊外にある国立駅から一行60人ほどが歩き始めた。

その真ん中に牧野富太郎（1862〜1957年）がいる。70歳が近いが、東京帝国大学理学部の教壇で学生に植物分類学を講じ、野外に出掛けて植物を愛する喜びを大人や子どもたちに伝えている。名声は響き渡っていた。〈あんな偉い先生が一緒に歩き、そして優しく丁寧に教えてくれる〉。60人はそんな熱に浮かされるような高揚感を持って1時間ほどか

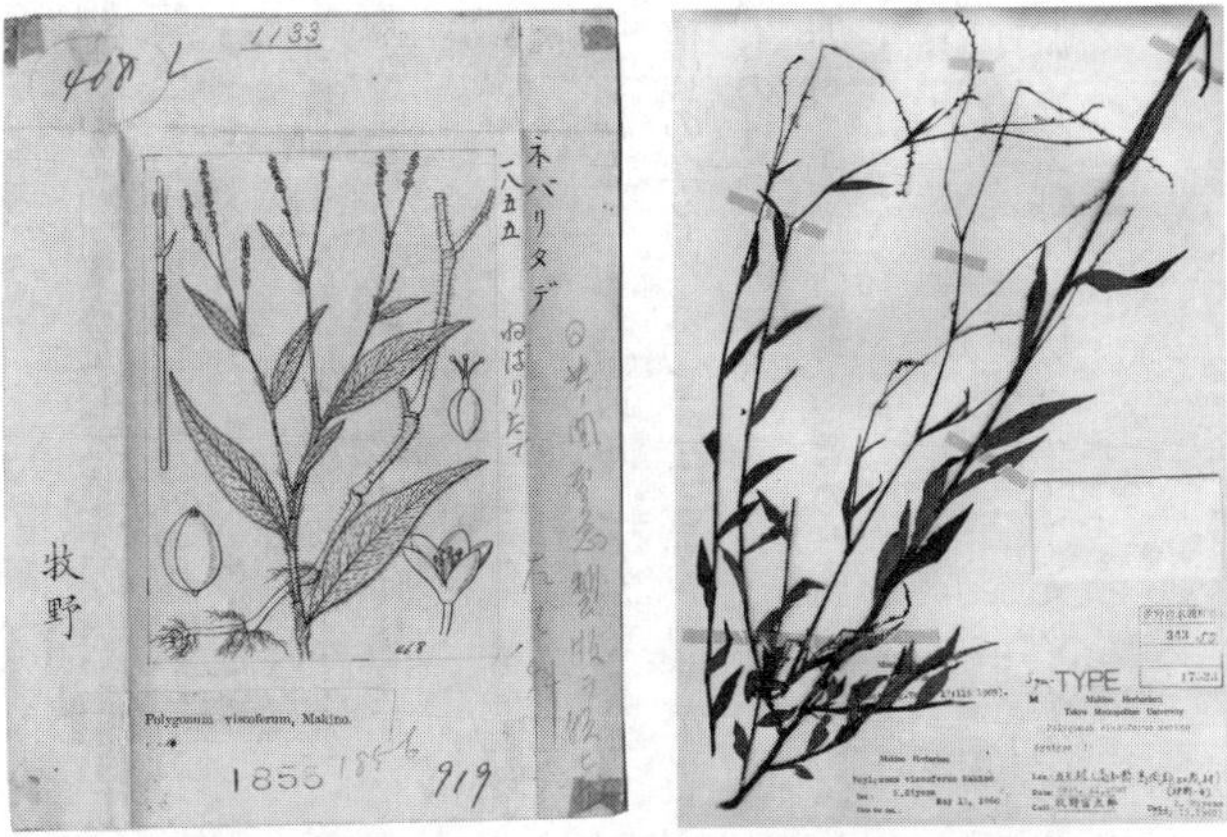

ネバリタデ：左は牧野自身の手による牧野日本植物図鑑〈1940〉の原図。欄外には製版の指示書きも見られる。右は東京都立大学牧野標本館所蔵のタイプ標本（学名の命名基準標本）のひとつ。1887年9月21日高知県加茂村（現・佐川町）採集

けて多摩川まで歩を進め、昼食となった。

牧野はクリームパンをほおばる。そうした間も、植物の名を聞く人たちは絶えない。肩から小さな胴乱を提げた小学生がやって来た。尾崎はその情景もつづっている。

〈何か小指の先ほどの植物を探して来て「先生これは何ですか」と訊《き》いた時、「これは松」といいながら、その子の頭へ片手を載せられた時の、あの温顔の美しさを僕は忘れない〉

牧野富太郎。

小学校中退、独学孤高の植物学者。日本の植物分類学の礎をきずく。収集した植物標本は約40万点にも及び、およそ1500種類の植物を命名した。それら植物の学名には「Makino」の名前が記されている。今も世界中の植物学者の中で「Makino」の名を知らぬものはいないだろう。

牧野の生涯は、書斎や研究室の机上の膨大な時間に加え、植物採集や指導のための気の遠くなるような「旅」にも費やされた。

北は北海道・利尻島から、南は鹿児島・屋久島まで。

これからその足跡をたどる旅に出ることにする。「牧野富太郎」というチャーミングな巨人を追い求めて…。

鹿追う猟師は山見ず

牧野富太郎にとって、旅は日常のことであったが、さすがに遠い北の地に来たという感慨もあったに違いない。

北海道、利尻島。

94年の生涯で全国各地を歩いたが、牧野が行った最北の地が利尻である。北海道北端、稚内市の南西の海にある。1903(明治36)年、牧野は41歳。人生半ばの時期を迎えていた。念願だった利尻島に着いたのは、8月上旬のことであった。

そばにある礼文島とともに「花の島」としても名高い。牧野が訪れた夏のころは、山のふもとはもとより、日本最北の名峰・利尻山(1721メートル)には高山植物のかれんな花々が咲き誇っていたことだろう。

牧野が遂げたいことは、一つしかない。

日本のすべての植物を世界に向けて明らかにすること。国際ルールに従って、あらゆる植物を分類し、名を付けなければならない。

海に浮かぶ北海道の利尻島。稚内市からの距離は約50キロ。(反田浩昭撮影)

そのために、歩いている。

牧野は利尻山に登ろうとしている。

◆◆◆

山にはいったいどんな植物があるのか。牧野の目的は登山ではなく、もちろん植物採集にある。いつも関心はそこに注がれてはいたが、牧野にしては珍しい「登山」の紀行文も残している。

1906年、山岳雑誌に発表した短文「利尻山とその植物」。利尻を訪れてから、3年ほどが過ぎていた。それによれば、利尻山への登山は、この紀行文を書くことが条件になっていた。

〈しかしその約束の条件として、自分はこの採集の紀行を書くことを引き受けたことを第一に白状せねばならぬ、ところが俗にいう、鹿を逐《お》う猟師は山を見ずで、植物の採集に夢中になっていると、山の形やら、途中の有様やら、どうも後から考えて見れば、筆を採って紀行文を作るということが、甚《はなは》だ困難である〉

短文の冒頭部分からの引用であるが、何やら言い訳がましい。山登りから3年経ってしまっているのだ。どうやら気の進まぬ仕事であったらしいが、関係する人からの催促が厳しい。

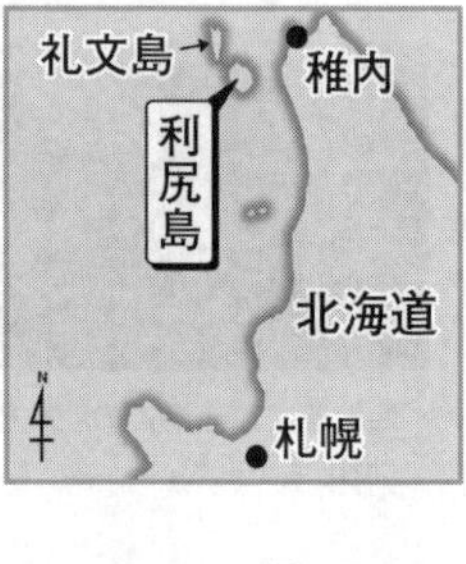

〈益々記憶がぼんやりするし、今日となっては紀行を書くということは、絶対に出来悪《にく》いこととなってしまった、ところがこの事に当初から関係しておられる諸君は、頻《しき》りにこのことを余に責められるので、今更何とも致方《いたしかた》がない〉（同）

牧野とはどういう人であったのか、よく分かる文章で面白い。そして、あわや遭難という事態に陥ることもあって、なかなかスリリングな登山記にもなっている。

牧野が訪れてから、109年後。２０１２年10月初旬、カメラマンとともに利尻山を登った。

北の名峰を目指す

旅客機は、日本最北の名峰、北海道・利尻山の美しい全容を見せつけるかのように飛行した。羽田空港を飛び立って、稚内空港への着陸を目前にしていた。２時間足らずのあっけない飛行時間だったから、その利尻島の姿を眺めてようやく、はるか北の地にやってきた実感が湧いてくるのだった。

稚内港を出航したフェリーから見た利尻島

島というより、それは山そのものだ。海上に浮かんだ一つの山だった。その遠景フォルムは「アポロチョコレート」も連想させたけれど、印象は次第に変わっていく。飛行機が利尻に近づくにつれ、その山が持つ鋭角的な姿と1721メートルの威容があらわとなった。恐怖のようなものを感じた。これから、あのとんがった山の天辺《てっぺん》に登ることになる。経験豊富な同行カメラマンのサポートはあるが、私は本格的な登山をしたことがない。あの頂上に立つことができるだろうか。

それにしても、利尻山は恐ろしいほどに美しい。

登山の磁力とは、そういうことか、とも思う。

◆◆◆

今から100年以上も前のことになる。

1903（明治36）年8月8日午後1時20分、41歳の牧野富太郎は利尻島の鴛泊《おしどまり》の港に着岸した。日露戦争の前年。開戦論と非戦論が戦わせられつつ、時計の針は開戦へと進んでいた。海の向こうでは、ライト兄弟が世界初の動力飛行に成功した年でもあった。

その年の7月26日、牧野は自宅のある東京を出た。青森で知人を訪問してから28日に出立、北海道の室蘭に渡ったのは29日だ。そして、今回の利尻採集旅行のスポンサーでもあるらしい「加藤子爵」という人物と落ち合う。子爵は、北海道で幾つかの牧場を持つ資産家で、高山植物の採集と栽培を趣味としていた。子爵は自身の利尻山行きを思い立って、同行してくれる高山植物に詳しい人を探していた。

牧野は高山植物にも深い関心と知識を持っていた。この数年後には、カラー図版が美しい「日本高山植物図譜」を三好学と共著で刊行することになる。牧野はこの利尻山行きの数年前、ある研究者が利尻での採集結果を「植物学雑誌」に掲載しているのを見て、この山に出掛けることを念願していた。

そうして、子爵は日本最高レベルの同行者を伴うことになった。しかしながら、子爵にとっては大変な山登りとなってしまう。


いつの世も、山を甘くみてはならない。

牧野らが登山したのは8月のことで、私たちが訪れたのは10月初旬だった。例年なら山頂に冠雪があってもおかしくない季節。冬山に登るための準備をして臨んだ。

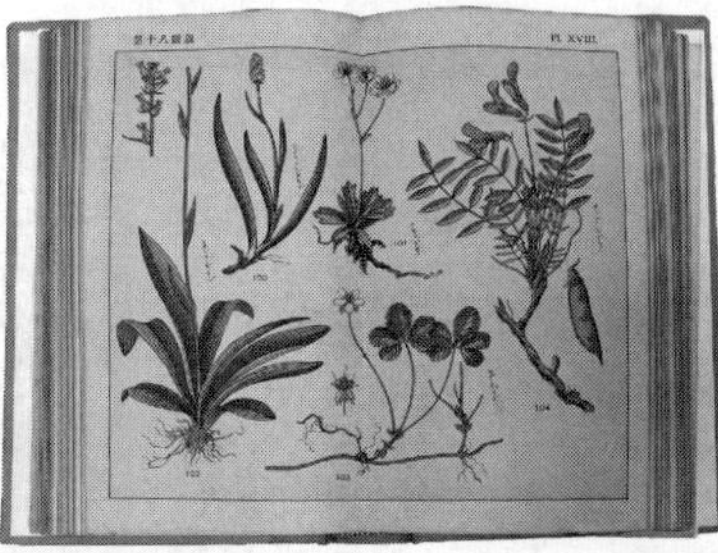
三好学と共著の「日本高山植物図譜」のカラー図版ページ

小樽から洋上の旅

牧野は洋上にいる。

波は至って穏やかだが、やはり故郷の海と気配は異なる。むんとした潮の匂いが希薄なような気がする。8月というのに、吹く風もどこか冷ややかさを含んでいるようだ。

加藤子爵とともに日高丸に乗り込んだ。1903（明治36）年8月7日に小樽港を出発し、増毛という所で少し停泊してから夜を徹して進んだ。翌朝6時、焼尻島、同7時に天売島で着岸。そして利尻島を目指した。

〈早上陸する前から一同は山ばかりを見て、あの辺がどうであろうとか、そうではあるまいとかの評定ばかりで、随分傍《はた》から見たら可笑《おか》しい位であったろうと思う〉（牧野富太郎「利尻山とその植物」）

そして、利尻島の鴛泊《おしどまり》の港に着いたのは8月8日午後1時すぎのことだった。

◆◆◆

牧野の足跡をたどる旅に出た私は、日本最北の駅、JR稚内駅そばのビジネスホテルを宿とした。北の果てにある、ひなびたような駅を想像していたが、駅ビルは建て替えられたばかりで、真っ白な現代的な建物だった。駅ビルには映画館も併設されていて、吉永小百合主演の「北のカナリアたち」のポスターが貼られていた。稚内市、利尻島、礼文島、豊富町を舞台とした作品。「先生が島を追われた日、私達は歌を捨てた。」というコピーの背景に雪の利尻山があった。

翌朝、稚内港からフェリーで利尻島に向かう。

◆◆◆

利尻島に牧野たちが上陸してから天気はすぐれず、登山は1日延期となる。ひまを持て余した一行は、

宿近くの海岸に出掛ける。もちろん、植物採集のためである。牧野は多くの植物に触れる。ヨモギ、アキノキリンソウ、カワラナデシコ、シロワレモコウ、ハギ、ウシノケグサ…。その中のエゾノヨモギギクは〈日本での珍品といって宜《よろ》しい植物〉だった。洋服のボタンのような黄色の愛らしい花を咲かせ、後に環境庁から絶滅危惧類に指定される。

〈晩食後は自分はこの採集品の整理に忙しかったので、他の諸君のことはよく覚えていないが、多分利尻山登山の準備に就《つい》て心配せられたであろうと思う〉（同）

採集した植物の整理に熱中して、やがて大変な難儀をすることになる登山の準備は、全く人任せにしているようだ。

茫漠の海に浮かぶ

北海道、稚内。夕暮れが近い。日本最北の駅、稚内駅から私はバスでノシャップ岬に向かった。ノシャップ。アイヌ語で「岬があごのように突き出た所」「波の砕ける場所」の二つの意味があるという。漢字は「野寒布」とあてる。夕日の景勝地だ。

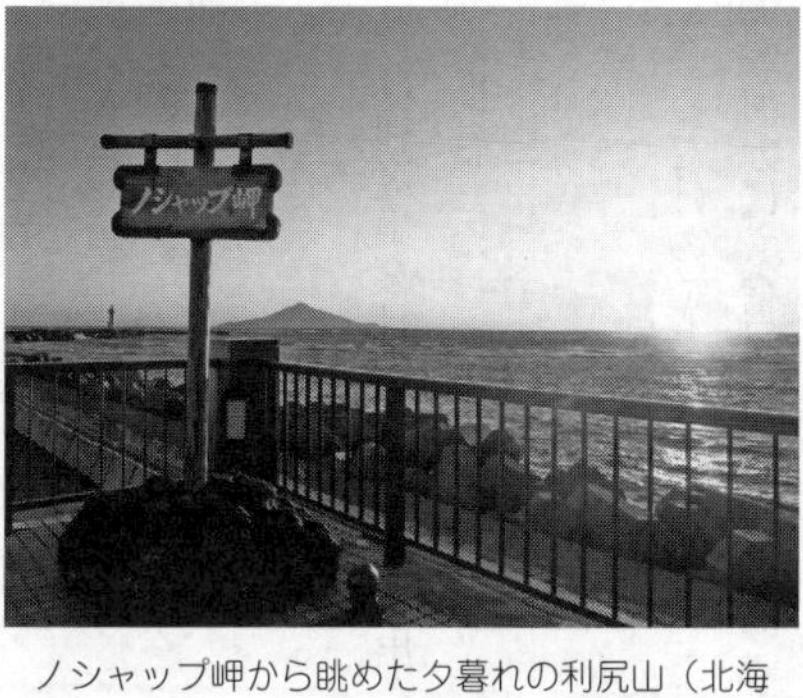

ノシャップ岬から眺めた夕暮れの利尻山（北海道稚内市）

岬に立つ。それら名が表す通りの地。茫漠《ぼうばく》たる北の海で、利尻山の威容が絶景を引き締めている。
10月初旬。気温はそれほど低くなかったが、風は強く、寒い。かばんに入れてあった登山用ダウンジャケットを着込んだ。日が沈んでいくさまを眺めながら、あのような山の頂上に登ることができるのだろうかと、あらためて思った。

◆◆◆

1903（明治36）年、8月10日。夜明けとともに牧野富太郎ら一行は利尻山を目指して、宿を出た。スポンサーであった加藤子爵ら4人、さらに荷物などを運ぶ7、8人が同行した。ちょっとした登山隊の陣容である。牧野は著書「利尻山とその植物」で書いている。

〈この島の人に尋ねても、利尻山は信心にて詣《もうで》る人が日帰りに登るだけのことで、道ももとより悪いし、山上に泊まるべき小屋などのある訳もないとのことで、何分にも宿屋では山の上の詳しい模様は知ることが出来なかった〉

カラフルで機能的な装備をした山ガールらが颯爽《さっそう》と歩いていく――そうした現在のスタイルにつながる「近代登山」が成立するのは、まだ後の時代である。
日本で最初の山岳会である「日本山岳会」が設立されたのは1905年。日本アルプスなどで山小屋の営業が本格的に始まるのは第1次世界大戦の終結（1918年）後の大正時代になってからのことだ。

そういう歴史から眺めれば、現在の「登山」というものは新しい趣味なのかもしれない。

牧野が利尻山に登った当時は「登山」の黎明《れいめい》期であった。まだ北の果ての山に登ろうとする趣味人はなく、それは信仰や冒険のためのものであったのだ。

◆◆◆

稚内港から利尻島まで、海路で約50キロ。私たちは2時間弱の船旅で、利尻の鴛泊《おしどまり》港に着いた。およそ100年前、牧野富太郎が着岸した港である。

山を見上げた。利尻山、利尻岳、利尻富士。三つの呼び方がある。利尻富士こそ、ふさわしい名前だと思う。

あす、夜明けから山頂を目指す。

頂上未だ見えず

日本最北の名峰・利尻山の山中において、41歳の牧野が困難を極めている。

明治の時代にここに登山道といったものはなかったが、頂上にい

「利尻富士」という呼び名にふさわしい山容を望む（反田浩昭撮影）

く本道のようなものはあった。しかし、牧野たちは山登りに来たわけではない。植物採集のためである。だから、一行は本道を外れたコースを選ぶことになった。目的の一つはミズゴケ採集である。湿潤を好む植物であるから、池があるという方に進む。道などない。ネマガリダケ、ミヤコザサなどが背丈を超えて生い茂って、なかなか進めない。ミズゴケの採集は満足のいくものだったが、ササ原や雑木、エゾマツとトドマツの密生に阻まれる上、道なき山の傾斜はますます急になっていく。早朝から登り始め、やがて正午近くになった。

〈何分にも未《いま》だ利尻山の頂上も見ることが出来ないという有様であるから、一行も殆《ほとん》ど何の愉快を感ずることができなかったのである〉（同）

湖面に映る利尻山を見ることもできる姫沼（利尻富士町）

イワツツジは花期を終えて、赤くかぐわしい実を付けていた。キバナノシャクナゲ、エゾフスマもある…そんなふうに各人が思い思いに植物採集に励んでいることもあって、さらに登山は進まない。日没が近づいていた。

現在地の標高は「四千尺」ぐらいと見立てた。つまり約1200メートル。頂上は1721メートルだから、8合目といったところである。

風が強まってきた。食料もない。

さて、どうしたものか―。

◆◆◆

牧野たちの利尻登山のおよそ100年後、やはり利尻の頂を目指した私とカメラマンは朝5時、ホテルを出発した。3合目ぐらいにある登山口（標高230メートル）まで車で行き、そこから頂上を目指す。利尻山には沓形《くつがた》と鴛泊《おしどまり》、二つの登山コースがある。沓形《くつがた》は難所が連続する上級者向け、鴛泊《おしどまり》は沓形《くつがた》よりも距離は長くなるものの難所は少ない。いずれも標準的なコースタイムは休憩時間も含めて、往復11時間だと知らされている。

上級者向け沓形《くつがた》コースの案内地図は実に恐ろしいものだった。

7合目「狛犬《こまいぬ》の坂」は、犬も疲れて狛犬《こまいぬ》のように動か

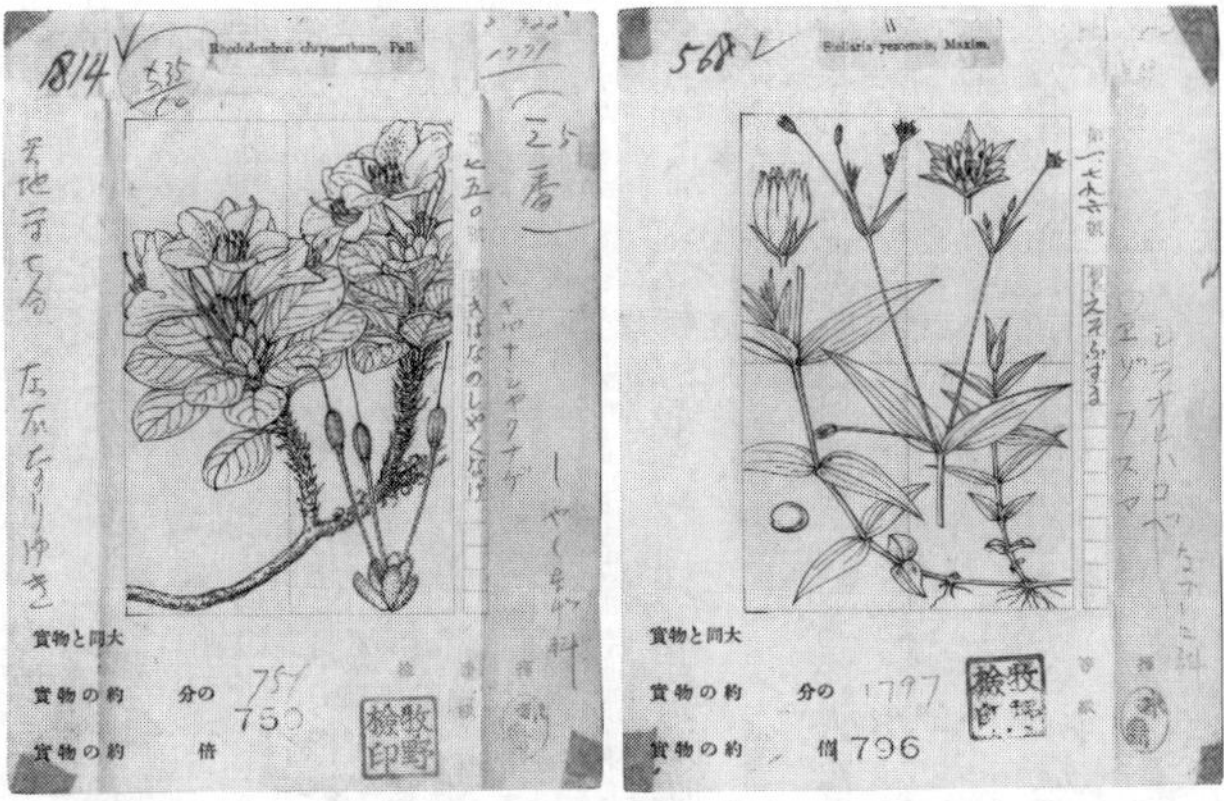

キバナノシャクナゲ（左）とエゾフスマ（右）：いずれも水島南平による牧野日本植物図鑑〈1940〉の原図

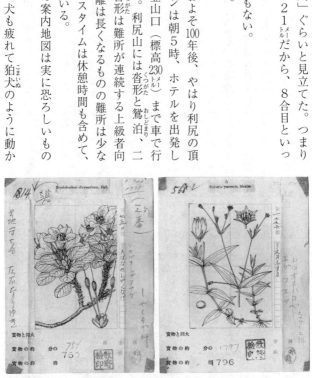

なくなるから。8合目近くには登山道路調査隊が濃霧で道を失って夜を明かした「夜明けの坂」がある。9合目は「背負子《しょいこ》投げの難所」があり、ここは山登りの猛者があまりの険しさに背負《しょ》い子《こ》を投げ捨てたという岩場である。

そんなネーミングにしなくても、と思うが、それだけの覚悟と準備を促しているのだろう。むろん私たちは、難所が少ない鴛泊《おしどまり》コースを選ぶ。登山経験が豊富なカメラマンは、帰りは恐怖の沓形《くつがた》コースにしてみようか、などと言うが、きっぱり断った。

山で夜を明かす

牧野は、山で夜を明かすことになった。

山で泊まるとは思ってもいなかった。利尻山へは日帰りで登って帰るつもりでいた。だから、何の用意もしていなかった。テントのようなものはないし、食料と水すらない。

およそ10人の登山隊は、二手に分かれることになった。老体である加藤子爵は、荷物持ちの人たちと、このまま下山して日帰りで宿に帰る。荷物持ちの人たちはいったん山を下りた後、再び防寒具や食料を持って登り、牧野ら4人に届ける。日没近くになっての決断であった。

標高約1200㍍。8月のことではあったが、風はさらに強くなり、薄着だった牧野らは寒さに震えた。夜の10時ごろには物資が届くだろうと見込んでいたが、一向に気配がなかった。

〈加藤子爵その他の人の残したのを僅《わずか》に食した位で、ますます寒気を感ずることが強いので、止《やむ》を得ずただ無暗《むやみ》と樹の枝を焚《た》いて身体を暖めることになった、後に鴛泊《おしどまり》に降りて聞けば、我々の焚火が町からもよく見えたので、知らぬ人は不思議に思っていたとのことであった〉（同）

10月初旬。牧野の足跡をたどる私たちは、早朝から利尻山を登り始めた。例年であれば頂に冠雪があるころだが、２０１２年は遅かった。登山の初心者にとっては恵まれたコンディションなのだろう。風もほとんどない。空はすがすがしく晴れ渡っている。

寒さも思ったほどではない。すぐに汗ばむほどになって、ダウンジャケットもザックにしまった。登山靴、ザック、レインウエア。登山の「三種の神器」というそうだが、これらを買いそろえ、「新・三種の神器」とも呼ばれるストック、サポートタイツ、アミノ酸サプリメントも準備してきた。

事前に牧野の登山記を読んでいるだけに、体力をカバーする装備には気を配っていた。

私たちは順調に高度を上げていた。

◆◆◆

山頂付近に群生していた高山植物、エゾノタカネヤナギ。花期の６～７月を過ぎて、種子がふわふわの白い綿毛をまとっている（反田浩昭撮影）

牧野らはようやく、利尻登山2日目の朝を迎えた。物資はまだ来ない。寒さや空腹で眠れなかった。しかし、である。

〈差当《さしあた》り困るのは最早食物は少しもないのである。詮方《せんかた》なく遠くにも行かれず、ただこの附近の植物の採集を始めた〉(同)

そういう状況にあっても、植物採集に励むのだ。

午前10時ごろになって食料と防寒具を持った人たちが到着した。宿からすぐ引き返して山を登り始めたが、深夜になったこともあって、途中で1泊したという。加藤子爵と言えば下山に難儀し、夜の12時を過ぎて、ほうほうの体で宿に帰りついたらしい。

〈(子爵らも)山上に露営した方が、あるいは楽であったかもしれない〉(同)

未知の植物がある

苦労を重ねる牧野の一方で、私たちの登山は順調だった。北海道、利尻山は無風の快晴で、エゾマツやトドマツのある4合目「野鳥の森」から、明治時代の登山道開設の際に雷鳥が現れて先導したという5合目「雷鳥の道標」に着いた。この辺りから少々急な道が続く。やや息が切れてしんどくなったところで、ごほうびのような眺望が開けた。フェリーが着いた鴛泊《おしどまり》の港や町を見下ろし、その海の先には礼文島が見える。美しい景色もサプリメントになる。息を切らしながら、8合目の「長官山」に着いた。利尻の尖《とが》った頂上が目の前に現れた。心の中で歓声を上げた。実のところ、私の内心には、無理せず登山はここまでにしようという思いもあった。

「長官山」の名は、昭和の初めに北海道開拓使長官が登山して、ここで引き返したということによる。情けない長官だと思っていたが、実際ここに立ってみると、この利尻頂上の風景を眼前にし、満足をもって引き返したのだろうと思いやった。

◆◆◆

食料もなく、寒さに震えながら利尻山の山中で一夜を過ごした牧野たちのもとには翌朝10時ごろ、食料や防寒具を持った救援隊が着いた。同行の「木下君」は十分に植物を採集したから、これで下山すると言う。しかし、牧野はそれでは自分の気が済まない。

〈余は何分にもまだこの山を捨てて去ることが出来ないので、終《つい》に一人踏止《ふみとど》まって、なお一夜を明かすことを決心した〉（同）

8合目「長官山」から。利尻山頂が目前に迫った

このあたりが牧野の本領である。植物の「愛好者」たちは、もう満足している。しかし、「植物分類学者」である牧野はさらに頂上を目指す。そこには必ず未知の植物がある、まだ名を持たない日本の植物がきっとある、と信じている。

国際的なルールに従って、日本の全ての植物を分類、命名する。その大きな土台がなければ、日本の植物学は発展しない。その思いは、牧野の生涯を貫く背骨のようなものである。

まだ山を去れない。荷物持ちの数人だけにとどまってもらって、牧野は一人利尻山に残った。

◈◈◈

登り始めてから5時間半、私たちは利尻山の頂上に立った。

その絶景は100年以上前に牧野が見たものと同様であった。

〈この絶頂に立って眺むるというと、東北の方に当っては、宗谷湾が明かに見ることが出来て（中略）、西の方は礼文島を鮮やかに見ることが出来て、その外にはいわゆる日本海で何にも目に遮《さえ》ぎるものはなく、ただ時々雲の動くのを見るばかりである〉（同）

発見と神秘的体験

登山道も整備された私たちの「近代登山」は、牧野の時代とは比べ物にならない快適なものだろう。けれど、往復およそ11時間（休憩含む）という登山は、初心者にはなかなかに厳しい。同行のカメランからは「正午までに頂上に行けなかったら、引き返そう」と忠告されていた。朝5時半に登山口を出発して、頂上に着いたのは午前11時ごろだった。何とかなったが、登れば下りなければならない。

正念場は下山にあった。

◆◆◆

牧野ら利尻登山隊およそ10人のうち、加藤子爵らは早々に引き揚げ、今は牧野1人と手伝いの荷物持ち数人となっている。

粘り強く山にとどまったことで、牧野は大きな収穫を得る。

神秘的な美しい体験をした。

〈最も愉快であったのは、夕陽が西に廻《まわ》るに従って、利尻山の影が東の海上にありありと映って、富士山でよく人の見るという、影富士と同様のものを、この北海の波上に見ることが出来た〉（同）

植物採集も成果を得た。ヤマタニタデ、リシリトウウチソウなどの標本を集めた（現在、東京都立大学の牧野標本館が保存）。

そして、頂上付近には8月であるのに雪が残っている場所があっ

利尻山頂からの絶景

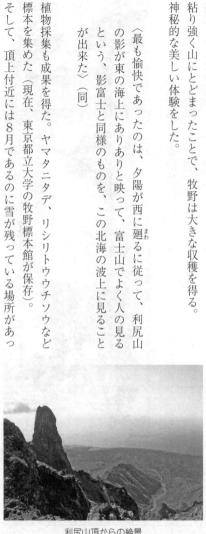

て、そこで、たくさんの黄金色の花が咲いているのを見つけた。キンバイソウかと思ったが、観察してみると、がく片が10枚以上もあった。〈新種でなかろうか〉と思った。

後に、それはキンバイソウの仲間で利尻山に固有のものだと分かる。牧野はそのボタンのような形状から「ボタンキンバイ」と和名を付けた。

◆◆◆

頂上に達することができた私とカメラマンは、下山を始めた。

膝の痛みが激しい。こうなることを恐れ、サポートタイツをはいて、杖《つえ》となるストックを使っていたが、効果は痛みの緩和程度にとどまっている。しばしば立ち止まってはストレッチをし、筋肉消炎剤スプレー

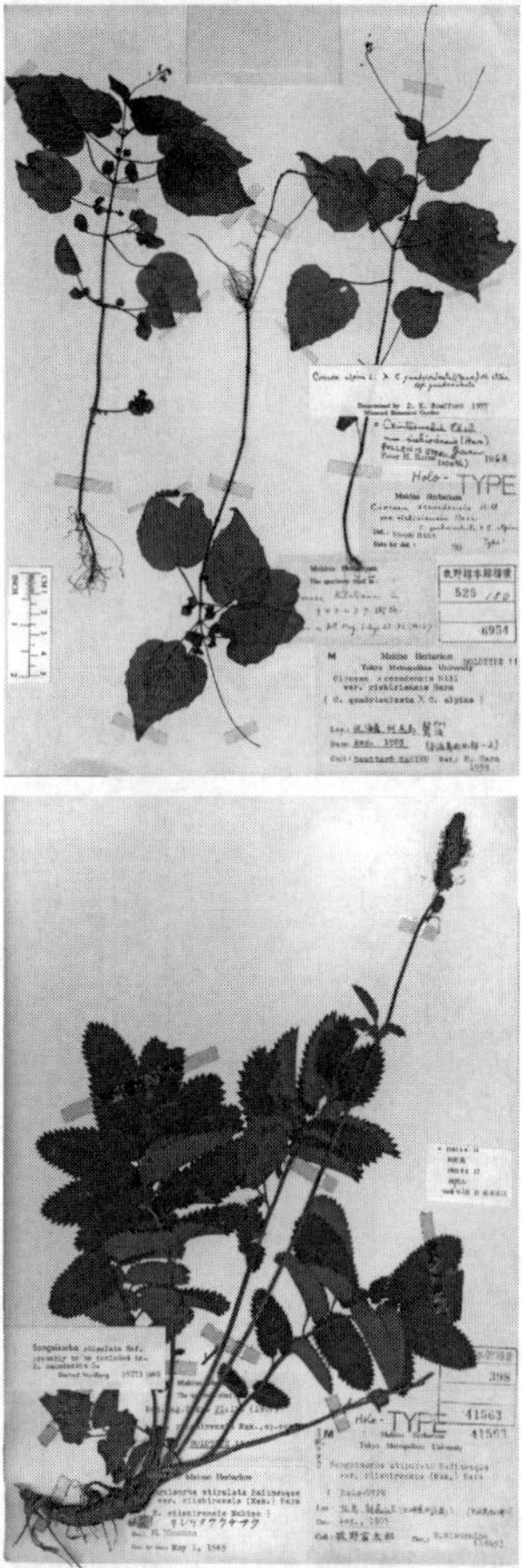

ヤマタニタデ（上）とリシリトウウチソウ（下）：いずれも1903年に牧野富太郎が採集したタイプ標本。それぞれの採集地はヤマタニタデ「鴛泊」、リシリトウウチソウ「利尻山上」とある（東京都立大学牧野標本館所蔵）

を膝に吹き付ける。下山ペースはがた落ち。何とか日が落ちないうちに帰ることができそうだが、辺りは薄暗くなってきて、ヘッドライトをともした。

およそ100年前、ここを登った牧野と今の私はほぼ同年である。ひどい痛みで歩みはよろよろだけれども、道程、牧野を考え続け、心の中は充足していた。

見逃してはならない

もういいかげんにしてください。

荷物持ちの人たちが毛布を振りながら、まだ高みにいる牧野に下山を促した。それでようやく植物採集を諦めて、利尻山を下りることにした。1903(明治36)年8月10日のことである。もう山中で2泊している。それにもかかわらず、牧野はこの日も日没近くまで採集に熱中した。41歳。体力も気力も充実している。何より、日本の全植物を明らかにしようと思っているから、ここにあるものを見逃してはならないのである。

提灯《ちょうちん》を持って下山し始めたが、ササ原でつまずき、何度か転んだ。夜の11時になって、宿のある

ボタンキンバイは1989年の改訂で初めて牧野図鑑に掲載された。発見から86年、牧野富太郎の没後32年目のことである

鴛泊《おしどまり》まで行けそうもないことが分かる。またしても野営。日帰り登山の予定が3泊4日になった。

〈何分にも下は湿っているし、寒くはあるし、中々眠ることは出来ない、その上に雨は本式に降り出したので、何んともいえない困難をした〉（同）

翌朝、宿に帰還した彼らは、まるで〈濡鼠《ぬれねずみ》〉のようだった。

◆◆◆

牧野の痕跡を求めて利尻町立博物館を訪ねると、「利尻島の固有種」というコーナーがあった。『ボタンキンバイ＝牡丹金梅（キンポウゲ科）7月上旬～8月上旬。9合目以上で見られる。植物学者牧野富太郎により命名。チシマキンバイソウの仲間でオレンジ色のがく片がボタン咲きとなる』そんな説明書きなどがあった。島の歴史に精通する同館の西谷栄治・学芸課長は、牧野の登山記は読んでいたが、それ以上の記録や資料はないようだと、いくぶん残念そうに言った。

ただ、牧野が泊まった旅館の場所は分かった。登山記に〈上陸して熊谷という旅店に一行は陣取ることになった〉〈この土地ではかなりの旅店〉と書かれている。

西谷課長が古い利尻島の地図を取り出してきてくれた。１９０２（明治35）年のものだから、牧野が訪れる1年前の発行。地図下欄に、スポンサーだろうか、旅館や料理店の名が並ぶ。

「おそらく、ここでしょう」と指してくれたのが「鴛泊波止場前　富士館高等旅館　熊谷直吉」。旅館の名は「富士館」となっていて牧野の表記とは違うが、経営者は「熊谷」だった。しかも「高等旅館」と記されているのはここだけである。

しかし、島に「熊谷旅館」は残っていなかった。地図に示された所に行ってみたが、そこは普通の民家になっていた。

近くで利尻昆布の加工をしている男性に尋ねると首をかしげた。

「ここに70年ぐらい住んでいるけど、聞いたことないねえ」

牧野の体温のようなものを感じるには、随分と難しい歳月が流れた。

◆◆◆

生涯で約40万点の植物標本を収集し、約１５００の植物を命名した牧野。その仕事は現在も日本の植物分類学の骨格を形成している。壮年期にある牧野の、超人的な研究成果と旅を引き続きたどっていく。

人気講師、南へ

「牧野富太郎自叙伝」（講談社学術文庫）は、抜群に面白い書物である。敬愛する人たちはバイブルのようにも扱う。

そもそも牧野富太郎について、多くの人はどんな知識を持っているのだろうか。

高知県高岡郡佐川町出身。小学校中退。独学で植物学を習得し、東大に入る。たくさんの植物に名前を付けて、日本の「植物学の父」と呼ばれた——。

「自叙伝」には、そうしたサクセスストーリーが自身の言葉で詳しく語られているが、読み進めば、牧野への印象は大きく変わる。洒脱《しゃだつ》で知的、そして柔和な笑顔の老人というイメージばかりでなく、怒りをあらわにした攻撃的な牧野の姿も見ることになる。聖人君子、というような人物ではない。

こうした書物は「こういうふうに自分を見てもらいたい」という視点から離れるのが難しいが、牧野は違うようだ。幾つかそうした部分もあるのだろうが、牧野富太郎をめぐるさまざまな〝事件〟も客観的に見つめながら、ありのまま語ろうとしている。それは、牧野が描く精細な植物図そのままのようだ。

壮年期の牧野富太郎（高知県立牧野植物園所蔵）

〈私は商売上、旅行を何百遍となくしたが、費用がかかるから、地方の採集会に講師として招聘《しょうへい》される機会を利用し幾らか謝礼をもらうと、それでまた旅行を続けたりした。そんなことが続き続きして今日に至っていたわけである。九州辺へは六年も続けて行ったこともある〉「牧野富太郎自叙伝」

牧野の採集会や講演は、とても人気があった。牧野に聞いて知らぬ植物はないし、ユーモアも交えた話はとても面白かった、という。

〈私は日本全国各地の植物採集会に招かれて出席し、地方の同好者、学校の先生等に植物の名を教え、また標品に名を附してあげたりした。私の指導した先生だけでも何百人といる筈《はず》だと思う。だから、文部省はこの点で私を大いに表彰せねばいけんと思う〉（同）

「自叙伝」の出版は1956（昭和31）年。この翌年、牧野は亡くなる。没後すぐに文化勲章が贈られることになる。

◆◆◆

本章「屋久島」は、前章「利尻」と同じく、牧野が旅した地を追って歩く。そして壮年期にある30～40代の業績を紹介する。

1909(明治42)年、7月31日。47歳の牧野は東京・新橋駅を午後6時に出発した。徳島と鹿児島で植物採集会や講演が予定されていた。

その日の早朝、現在の大阪市北区天満2丁目で出火があった。強風にあおられた火は西に大きく広がり、およそ25時間も燃え続けた。焼失家屋は1万戸を超えた。後に「天満焼け」とも呼ばれる歴史的大火である。大阪の火災では明治以後最大のものとなる。

夜通し、列車に揺られた牧野は8月1日朝、大阪駅に着いている。大阪から船に乗る予定だった。駅にも近い、焼け野原となった街の空気を牧野は吸ったに違いない。

月給15万円?の東大助手

さて、どうしたものか。

大阪駅に降り立った牧野は、困惑した。

駅の北にある地区は、昨日からの大火によって壊滅的な状態にあった。大阪の港から船で徳島に行くはずであったが、大火のため駅に人力車もなく、港に行くことができない。再び大阪駅から列車に乗り、神戸駅に向かった。神戸の港から汽船で徳島に上陸したのだった。

時は1909(明治42)年、牧野47歳。

このころ、牧野の大学内における「身分」はどういうものであったか。

20代の牧野が上京して東京帝国大学理科大学に「出入り」することになる事情は後に詳しく書くが、ようやく正式な職員として採用されたのは31歳の時。身分は「助手」であり、これで初めて大学から給料をもらえることになった。

月俸は15円である。現在で考えると、どれくらいの額か。いろいろな算出方法があるが、米の価格を基準に考えると、1円がほぼ1万円に相当するから15万円ほどの給料となる。

ちなみに夏目漱石が1903年に東京帝国大学「講師」になった時の年俸は800円、月俸にすると約66円になる。「講師」は「助手」より高い地位にある。東京帝国大学文科大学を卒業したエリートであった漱石、小学校中退の牧野との格差は歴然としている。

そして、牧野が助手から講師に昇格したのは、実に50歳の時である。壮年期のおよそ20年間、月給15万円という処遇にあった。

15万円の給料では植物採集の旅も、ままならない。しかし、牧野が指導する植物採集会や講演は大変な人気があった。いわば「タレント学者」の先駆け的な存在ともいえる。全国各地の世話人から、旅費と謝礼が支払われ、それが牧野のフィールドワークを支える

東京帝国大学理科大学植物学教室の助手室で写真に納まる牧野富太郎（高知県立牧野植物園所蔵）

ことになった。

今回の鹿児島県・屋久島行きもまた、そうである。

◆◆◆

1909年8月1日夜、徳島県小松島市に着岸してから、人力車で徳島市内に運ばれて投宿。翌日正午から人力車で日和佐町に向かうが、那賀川の支流に人力車もろとも転落してしまう。けがはなかったようだが、植物採集箱である「胴乱」が流されてしまった。

徳島県では、剣山の頂上に登ったという記録が残っている。山で植物採集の指導も行い、近くの木屋平尋常小学校などで講習会も開いた。それらをこなし、九州に渡ったのは8月18日のことだ。

四国から九州にどう行ったのかは分からないが、熊本県人吉市から鉄道で鹿児島県に入っている。

◆◆◆

さて、私も鹿児島に向かおう。

龍馬とミヤマキリシマ

牧野富太郎は1862（文久2）年4月24日、現在の高知県高岡郡佐川町で生まれた。そのちょうど1ヵ月前、28歳の坂本龍馬が土佐藩を脱藩している。

まもなく、「明治」という時代が始まろうとしているころだ。もちろん、2人が会う機会も時間もなかった。けれど、植物を介して彼らを緩やかに結び付ける地がある。

鹿児島県霧島市は、龍馬が新婚旅行をした場所として知られる。市のあちこちに、そのことをPRする看板やポスターがあった。日本初の新婚旅行と称されるが、薩長同盟成立の直後に寺田屋で襲われてけがをした龍馬への、薩摩藩による慰安という意味合いが強かったのではないか。

同地の温泉に滞留して傷を癒やした龍馬は、お龍と高千穂峰に登った。そこで龍馬とお龍は「ツツジ」のような紫紅色をした花の群生を見ることになる。

薩長同盟という日本史に刻まれる大仕事を成し遂げた。その達成感とともに命を狙われて負傷したばかりである。これが新婚旅行なのかどうかはともかく、緊張から解き放たれたひと時、この火山性の高山に咲く花の美しさは格別だっただろう。

龍馬は姉に宛てた手紙に書いた。

「きり島つゝじが一面にはへて実つくり立し如くきれいなり」

「きり島つゝじ」に「ミヤマキリシマ」と正式な名を付けたのが、牧野である。牧野と霧島の縁は深く、同地で行われていた「植物夏期講習会」に招かれるなど、

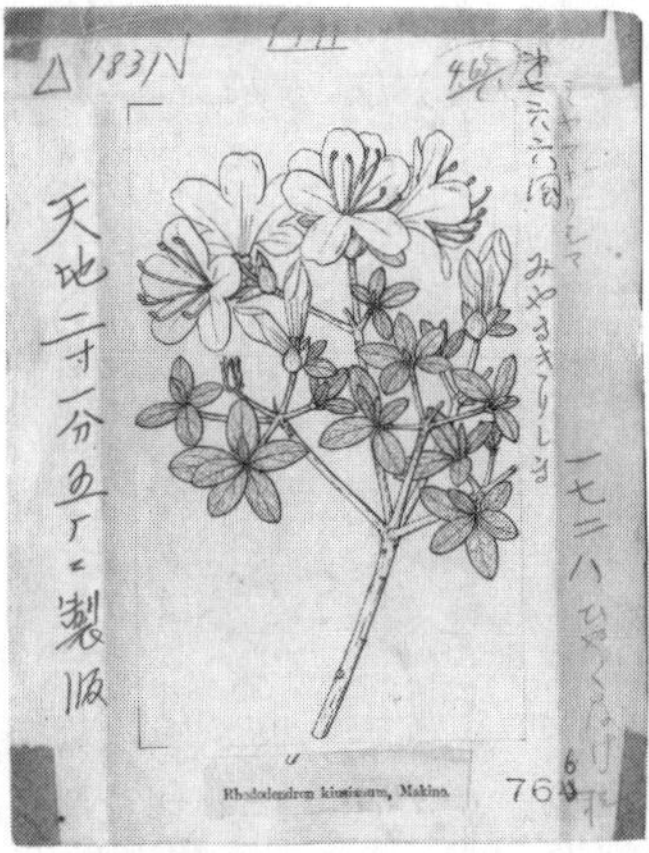

牧野日本植物図鑑〈1940〉のミヤマキリシマの原図。

何度も足を運んでいた。今回の屋久島行きも霧島を経ている。

牧野は「深い山（みやま）に咲くツツジ」として、その名を与えた。周辺は活火山が多く、火山ガスが立ちこめる。その環境にヤマツツジが適応してできた品種とされている。高千穂では5月ごろが花の見頃となり、この花を目当てに訪れる人も多い。鹿児島の県花、霧島市の市花となっている。

◇◇◇

私が高千穂峰に登ったのは2012年9月中旬だった。2011年1月、この高千穂に近い新燃岳で爆発的噴火があった。昼食に寄った麓の食堂の店主が「それはもう、あんた、地球が終わるかと思う噴火やった」というような凄《すさ》まじさであったという。こうした火山活動があるから、ミヤマキリシマも毎年花を咲かせているのだ。

ミヤマキリシマの花の時季は、とうに過ぎていた。しかし、花の案内板にある秋分の頃に「狂い咲きが多い季節」とあった。あきらめずに探し求めていたら、花を付けた数輪のミヤマキリシマに出合えた。

龍馬と牧野が訪れた高千穂峰―。この美しい花がカーペットのように山肌に敷かれている様子を思い浮かべた。

日本の植生の縮図

鹿児島県霧島市などで植物採集や講演を終えた牧野は、1909（明治42）

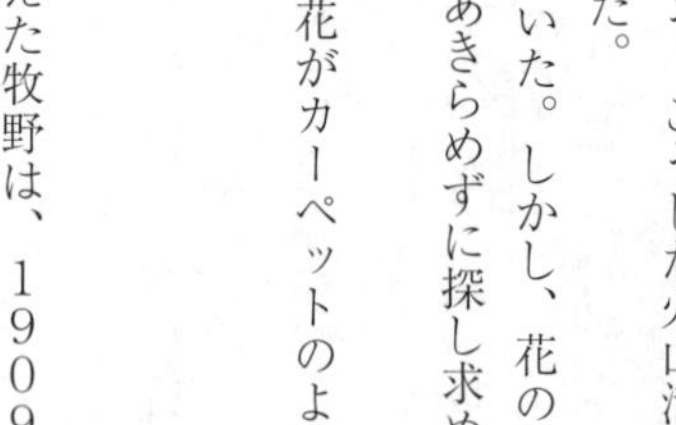

年8月31日午後11時、鹿児島を出港した。翌朝7時すぎに種子島でしばらく停留し、午後2時に屋久島の宮ノ浦港に着岸した。

JR高知駅から特急「南風」に乗り、岡山駅から新幹線「さくら」に乗り換えて8駅を過ごせば、あっけなく終着駅の鹿児島中央駅だ。2011年3月に全線開通した九州新幹線は、岡山と鹿児島を約3時間で結ぶ。これによって高知と鹿児島は、乗り換え時間も含めて6時間弱で結ばれるようになった。新幹線の威力をまざまざ感じる。

鹿児島と屋久島は、30分の空路、1時間45分の高速船などで結ばれている。つまり、高知駅を早朝に出発すれば、午後も早い時間に屋久島に立つことができる時代になった。

牧野の屋久島行きは、必然のことだった。

鹿児島県の大隅半島から南西約60キロの海上にある屋久島は「日本の植生の縮図」と言われる。日本列島には約7千種の植物（ちなみに牧野は1500種以上の植物に名を付けている）が自生しているが、屋久島はそのうち約1300種を有する。しかもそれらが亜寒帯から亜熱帯までの植物という、バラエティーに富んだ植生である

九州最高峰となる宮之浦岳を擁して「洋上のアルプス」と呼ばれる屋久島

ことが大きな特色だ。この島に行けば、キバナノコマノツメやシロバナノヘビイチゴといった高山植物から、ガジュマルやメヒルギなど亜熱帯性植物を〝一覧〟できるのである。特異的に恵まれた島の自然環境が、こうした植物の多様性を支えている。島の90%は森林であって、そこに「1ヵ月に35日雨が降る」と言われるほど、たくさんの雨が降る。さらに九州最高峰となる宮之浦岳（1936メートル）を軸にした高山が連なって、複雑で豊かな山林を形成している。湿潤と寒暖が育んだ自然によって、1993年に屋久島は世界遺産登録された。

植物学者として、この島の植生は見逃せない。

◆◆◆

青山潤三「世界遺産の森　屋久島」（平凡社新書）という本の中に牧野について触れた部分がある。

青山は屋久島に「北から南まで」の植物があるという表現は誇張ではないとした上で、例えば、屋久島の亜熱帯の植物を紹介するときに〈たいていがハイビスカスやパッ

ガジュマル（上）とメヒルギ（右）の原図：ガジュマルは牧野日本植物図鑑第9版〈1951〉、メヒルギは同増補版〈1956〉でそれぞれ図鑑に追加された

ションフルーツといった、世界共通の園芸植物や栽培植物〉が挙げられて、本当に重要な種が紹介されないと憤り、こんなふうに記している。

〈アクシバモドキ、カンツワブキ、ヤクシマリンドウ、ホソバハグマ、アオツリバナ、シャクナンガンピ、ヤクシマシオガマ、ヒメヒサカキ、イッスンキンカ等々の重要な種は、すでに100年近く前に牧野富太郎によって記載されていることを再認識しておきたい〉

牧野日本植物図鑑増補版〈1956〉で追加されたヤクシマリンドウの原図。屋久島の特産種

ひょっこりヤッコソウ

屋久島に向かう1ヵ月ほど前、1909(明治42)年7月に牧野は珍種の植物「ヤッコソウ」を植物学雑誌に発表している。シイなどの根に寄生する5センチほどの多年生植物で、大名行列の奴《やっこ》が練り歩く姿に似ていることから「ヤッコソウ」の名を付けた。愛らしく分かりやすい名前だ。

高知県幡多郡の中学教師だった山本一が生徒を連れ、県西部にある土佐清水市へ植物採集に出掛けた。その生徒の1人が同市の加久見天満宮境内で、この植物を発見する。山本は牧野に標本を送り、それが新種の植物であることが確認されたのだった。牧野は山本と自分の名を付した学名で「ヤッコソウ」を発表した。

２０１２年11月16日、高知県立牧野植物園が主催するヤッコソウ観察会が県東部にある室戸市で開かれた。

「うわー、すごい、こんなにたくさん」「かわいいー」

室戸市の金剛頂寺の境内で参加者たちの歓声が上がった。そこには、おびただしい数のヤッコソウが花開いていた。それは確かに、奴《やっこ》たちの、いささか不ぞろいな行列のようであった。

引率の稲垣典年《のりとし》さん(72)＝同園職員＝がヤッコソウの由来を話しながら、ぼそっとつぶやいた。

「見つけた生徒の名前を付けてあげたら、良かったのにねえ…」

◆◆◆

このヤッコソウは屋久島でも見ることができる。

屋久島の宮之浦岳は九州最高峰であり、石鎚山、剣山に次いで西日本でも3番目に高い山である。利尻山のある北海道・利尻島と同じく、屋久島もまた、島そのものが山といったふうである。しかしながら、その山容は大きく異なる。利尻島がまるで「アポロチョコレート」のような円すい形をしているのに対し、屋久島は宮之浦岳など複数の山が連なっている。利尻山の頂上が島の集落のどこからも見

開花したヤッコソウ。手前にあるのはシイノミ（高知県室戸市の金剛頂寺）

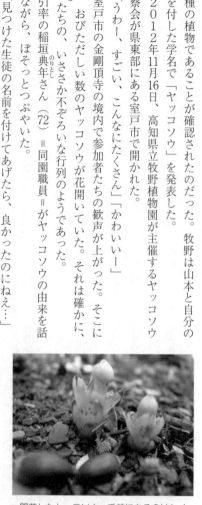

えるのに対し、屋久島の宮之浦岳は他の山にさえぎられて平地からは見ることができない。それだけ山と森が複雑で深い。神秘的、なのかもしれない。

宮崎駿監督が「もののけ姫」を制作するにあたって、屋久島の森を訪ねたことはよく知られている。監督はこんなことを言っている。

〈深山幽谷の中に、ものすごく清浄な世界があって、樹々に満ちてけがれていない世界がある。日本人はそういう思いをずっと持ち続けて来たと思うんです。そこから清らかな水や清浄な空気が流れ出ているという思い。それが、ある時期までの日本人の中にはずっとあったんです〉

深山幽谷。

その屋久島の深部、樹齢7200年の見立てもある巨大杉がそびえる。

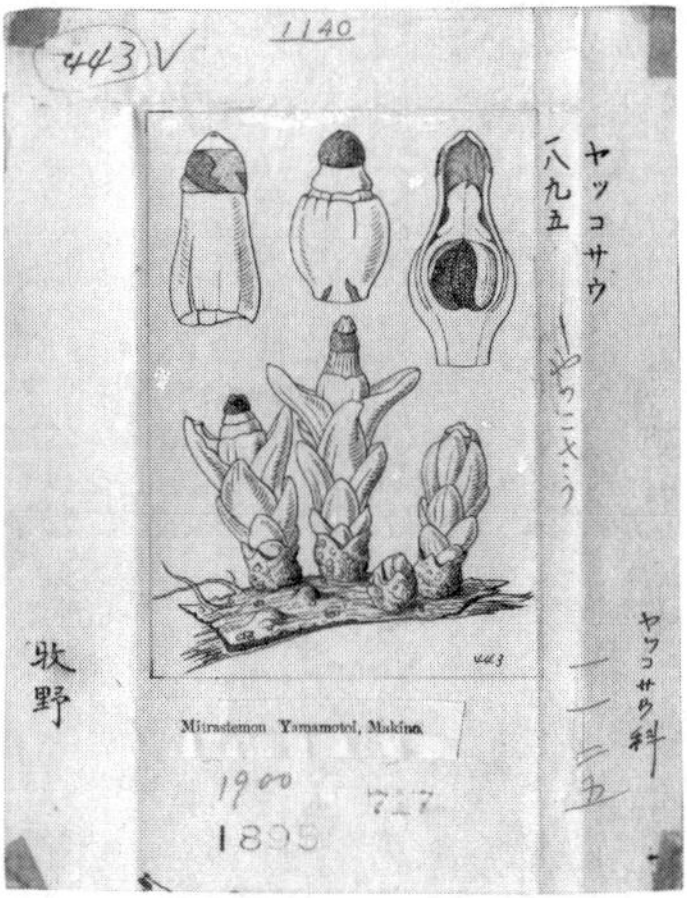

ヤッコソウ：牧野富太郎自身の手による牧野日本植物図鑑〈1940〉の原図。ヤッコソウは東京都立大学牧野標本館のシンボルマークでもある

「縄文杉」に向かおう。

見てはいけないもの

見てはいけないものを、見てしまった。

屋久島「縄文杉」を目の当たりにして、そんな思いにもとらわれてしまった。この巨木を見るために6時間以上も歩き続けてきたのだが、これはやはり深山幽谷の中に人知れずあるべきもの、という背反するような思いだった。

推定樹齢2000年、あるいは7200年とも言われる。この「誤差」も実に壮大だ。木の周囲は16メートル、高さ25メートルに及ぶ。1000年以上の樹齢を有する杉の巨木が珍しくない屋久島にあっても、縄文杉は最古で最大の別格となる1本である。

その姿は、もう「美しい巨木」といったふうではない。「杉」という樹種も超えた、こぶだらけの異様に肥大した樹木の固まりのように見える。しかし最新の調査でも1本の木であることが証明されている。そのことに畏敬の念を抱くばかりだ。

作家の幸田文は念願だった「縄文杉」を見て、こんなふうに書いている。

〈本当のところを打明ければ、私はおびえていた。おびえているから考えることもなみを外れるし、並外れを考えるから、またそれにおびえる。この杉は、なにか我々のいまだ知らぬものに、移行しつつあるのではなかろうか〉（幸田文「木」）

つまり、化け物だ。

植物という生物でありながら、太古からここに居座って、まだ生き続けているのだ。

◆◆◆

「屋久島の木を切るものは魂を抜かれ、気が狂ってしまう」

そう言い伝えられていた屋久島の木を倒すものはいなかった。しかし1586年に豊臣秀吉は、京都の寺の建立のため、島津藩に屋久島の杉を伐採することを命じた。屋久島の木が「商品」となっていく発端となった。

伐採は藩と島民に富をもたらした。明治政府は1886（明治19）年、島に森林管理局を置いて、藩と島民の管理ではなく、国による統制を始めた。島民はこれを不服として1904年、行政裁判所に国有林の下げ戻しを求めて提訴した。

牧野が屋久島を訪れた1909年は、そのよ

屋久島の深い森にある縄文杉

うな時代だった。

「縄文杉」の「発見」は、さらに時代を下る。

1966年5月、役場の観光課長が見つけた。幼少から島の古老に「抱えるのに13人がいる」という巨大杉があると聞かされ、それをずっと探し求めていたのだった。

翌年、その存在を伝える記事が南日本新聞の元日1面トップに掲載された。それは秀逸な見出しだった。

〈生き続ける〝縄文の春〟　推定樹齢四千年　発見された大屋久杉〉

そして「縄文杉」の存在は、全国に広く知られていくことになる。

さらに1993年、島の多様で豊かな自然が世界的に認められて世界遺産に登録された。「縄文杉」は島のランドマークになった。

牧野が屋久島最高峰の宮之浦岳（1936メートル）に登ったのは47歳の時であり、先の利尻登山の6年後のことになる。

渾身の「大日本植物志」

30代、40代の壮年期にある牧野の仕事で特筆すべきものは、「大日本植物志」の刊行だろう。

先に書いたように牧野は31歳になって初めて大学から月給をもらう。それまでは東大に出入りする「フリーの研究者」といった不思議な身分だった。「フリー」であることを支えていたのは、高知県佐川町で酒造と雑貨店を営んでいた裕福な実家からの仕送りであったが、このころまでにそれも途絶えてしまう。

〈私は来る年も来る年も、左の手では貧乏と戦い右の手では学問と戦いました〉（自叙伝）

これは有名なフレーズだが、「貧乏」というよりは「研究資金」と考えた方がいい。現代にも通じる普遍的な問題だ。

牧野がやり遂げたいことは、日本の植物を網羅した初の「植物誌」を刊行することだった。「フリー」であった青年期から自費で出版したこともあったが、挫折していた。

30歳を越えて東京帝国大学理科大学助手となり、大学の「資金」によって、

「大日本植物志」第１巻第１集に掲載されたヤマザクラの図（高知県立牧野植物園所蔵）

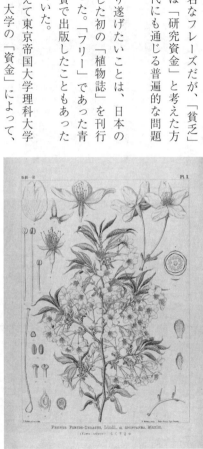

刊行できるようになったのが「大日本植物志」なのである。その喜びはどれだけのものであったか。

牧野は自叙伝に書く。大学から15円の給料をもらうようになったころ、家の財産は底をついた。給料のみで家計や研究資金を賄うことはできず、２千円の借金があった。

〈浜尾先生（大学総長）は大学に助手は大勢いるのだから牧野だけ給料をあげてやるわけにはいかんが、何か別の仕事を与え、特別に給料を出すようにしようといわれ、大学から『大日本植物志』が出版される事になり、私がこれを担当する事になった〉

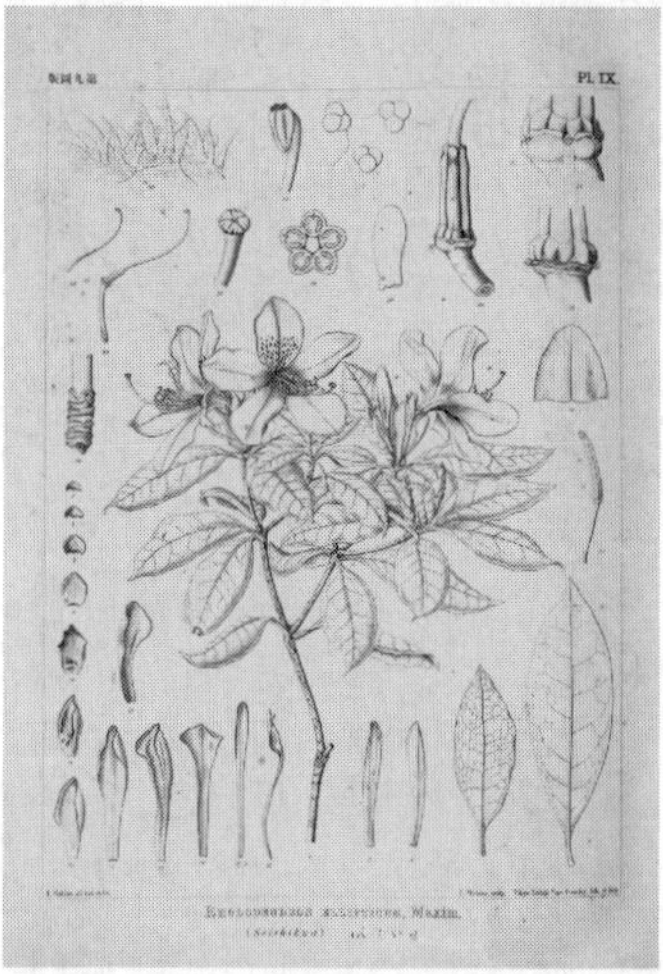

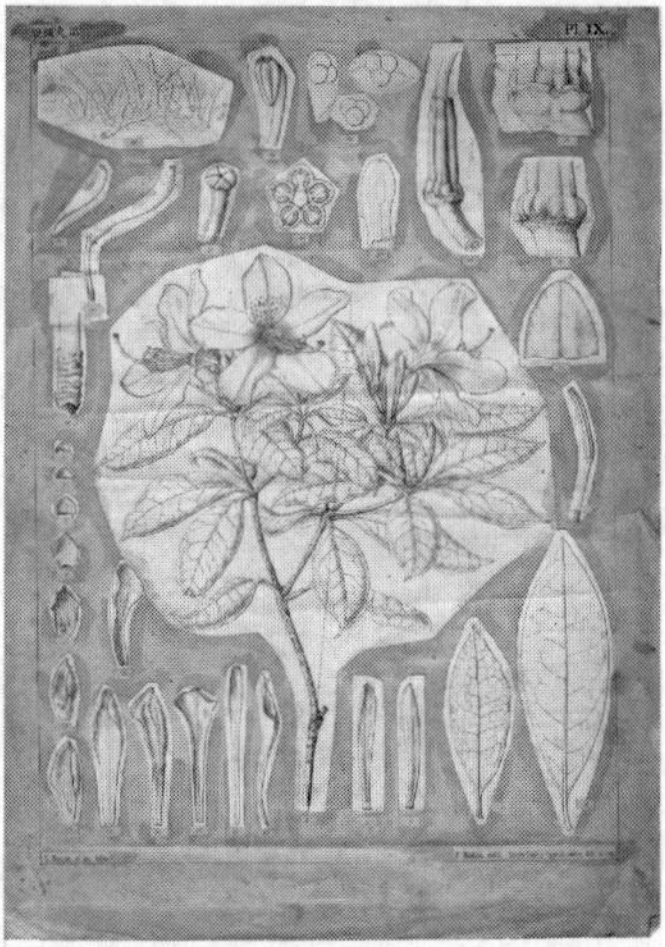

「大日本植物志」第１巻第３集に掲載されたセイシカの図（上）とその原図（下：東京都立大学牧野標本館所蔵）

この自叙伝は晩年に書かれたものだが、原稿用紙に向かって、このときの歓喜と意気込みが、まざまざとよみがえったのだろう。

〈浜尾先生のこの好意に感激し、私は『大日本植物志』こそ、私の終生の仕事として、これに魂を打込んでやろうと決心し、もうこれ以上のものは出来ないという程《ほど》のものを出そう。日本人はこれ位の仕事が出来るのだということを、世界に向かって誇り得るような立派なものを出そうと意気込んでいた〉

高知市五台山の県立牧野植物園に、この「大日本植物志」が展示されている。

その植物図の精緻さは、とても人間の手で描いたものとは思えない。図は植物の全体や部分を描いた「学術的」なものであるが、そうした用途を超えた「芸術的」なものとしても映る。牧野の徹底した観察と天性の描写力の結実を見る。

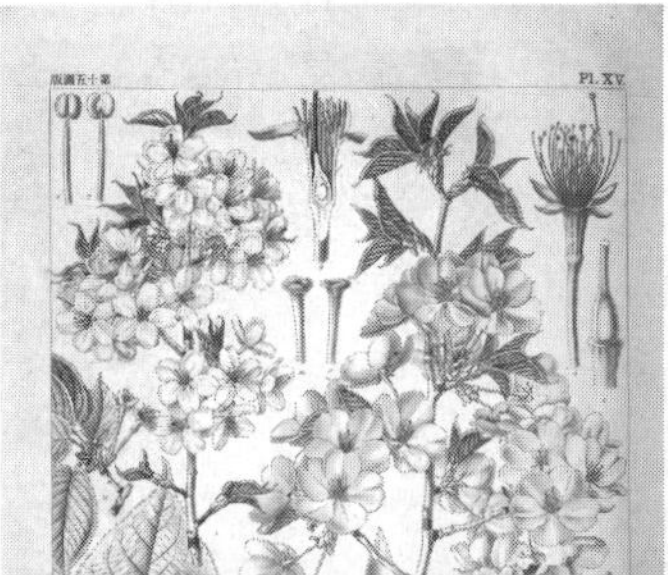

「大日本植物志」第１巻第４集に掲載されたオオヤマザクラの図。第４集では、このようにリアルな陰影のついた植物画やカラーの植物画が掲載されている

植物図に魂が打ち込まれている。

牧野が屋久島の最高峰、宮之浦岳に登ろうとしているのは、渾身《こんしん》の「大日本植物志」の刊行が続いているころである。

1909（明治42）年9月3日、まずは途上の山中で野営した。

◆◆◆

ウィルソンのハート

屋久島の縄文杉を見るのは、容易なことではなかった。

午前3時半、起床。登山のための身支度を整え、ホテルで用意してもらった朝食と昼食の弁当、水や行動食をザックに詰めた。登山口まではバスで行く。午前6時、登山口を出発。縄文杉にたどり着いたのは正午すぎ。そこからすぐに下山を始めて、登山口に着いたのは午後4時すぎであったから、やはり10時間以上かかった。

この「容易でない」ことも、「縄文杉という体験」を深く忘れがたいものにする。

屋久島の深い森に入って行く山道は、陽光を受けた照葉樹たちが発するきらきらした光に向かって黙々と歩を進め、鳥たちの鳴き声の音楽に耳を澄ませ、野生の鹿や多様な植物たちに出合う行程である。

そうした山道の心奪われる自然は、私たちのすぐそばにあったはずだ。それはそんなに昔のことではなく、日本の「近代」から壊滅的に失われてきたものだろう。

そして山道の奥深くで、私たちは縄文杉という「古代」に遭遇することになる。

しかし屋久島の自然の魅力は、縄文杉のみにあるわけではない。限られた滞在日数であれば、縄文杉を見ることを断念し、もっと楽なスケジュールで自然を味わえるトレッキングコースを勧める人もいる。なるほど、それもそうだなと感じた。もし縄文杉を見ることが無理だったとしても、道中にある樹齢千年を超える屋久杉を畏敬しながら、彼らと呼吸を同じくする山歩きだけでも十分満足しただろう。

◆◆◆

「おっと縄文杉！　ウィルソン株も見たい♡」

屋久島に取材に出掛ける前のことだ。そのことを会社で話をしていると、そばにいた女性たちが目を輝かせて言うのだった。

「うん？　何株？」

「えーっ知らないんですかあ。あのハートの形の光が差し込むところですよ」

「？」

屋久島「ウィルソン株」は巨大杉の切り株で「縄文杉」の手前にある「人気スポット」だ。１５８６年、豊臣秀吉の命で伐採された

ハートの形をした光が差し込む屋久島のウィルソン株

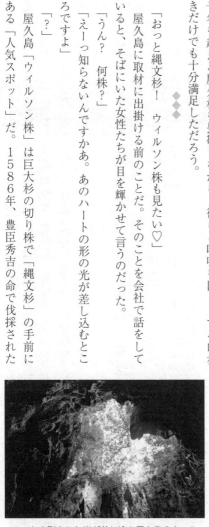

という。推定樹齢2千〜3千年と言われる巨木で、内部に10畳ほどもある広さの空洞がある。1914（大正3）年、アメリカの植物学者ウィルソンによって調査がされたことから、その名前が付いている。

空洞の中に入った。小さな祠《ほこら》がある。地面から水が湧き出ていた。木肌が音を吸収するのだろうか。しんと打ち静まったような、外界とは違った音と空気の気配がある。そして、やわらかなハート形の光が人々に降り注ぐのだ。

◆◆◆

それにしても牧野は、この屋久島の自然と植物をどんなふうに見たのだろう。以下のように、日記の記述はそっけない。1909（明治42）年9月のことだ。
3日　宮ノ浦へ山中第一露宿。
4日　第一露宿―第二露宿―山頂（宮之浦岳）―第三露宿。
5日　第三露宿地―第二露宿。
6日　第二露宿地―宮ノ浦。
7、8日　宮ノ浦滞在。採品整理。
日記は簡潔であるが「採品」は豊かなものだった。

照葉樹林のトンネル

これも屋久島の縄文杉に向かう前のことだ。植物にも詳しい山岳ガイドのKさんに、あらかじめ伝えておいたことがあった。牧野が屋久島で採集をして命名などに関わった植物のリストである。今もこれらの植物標本は、東京都立大学にある牧野標本館に収められている。

私が行ったのは9月10日のことだったから、ほぼ牧野が植物採集をしたのと同じ季節だった。

「いくつか、見ることができると思います」

Kさんはピックアップした11種類の植物リストを眺めながら静かに言った。

◆◆◆

あのハート形の光が差し込む人気の巨大株を、アメリカの植物学者・ウィルソンが調査をする5年ほどの前のことである。1909（明治42）年。牧野は屋久島の山中で1泊し、翌日に宮之浦岳の山頂を極めている。島の滞在は計8日間だった。牧野の屋久島での行動の詳細は分からない。別の人の日記で、牧野とほか2人が付き添って鹿児島港から屋久島に向かったことは記録にある。

先の利尻島における登山記のようなものも残されていない。高知県立牧野植物園でも入念に調べてもらったが、屋久島はどんなふうであったか、という牧野の記述も今のところ見つからない。

島内にある屋久杉自然館、町歴史民俗資料館を訪ねた。しかし、学芸員らに聞いても牧野の痕跡は見つからなかった。

屋久島・縄文杉までは長い道のりだが、島の豊かな自然が存分に楽しめる

その中で歴民館の職員の方が資料を探してくれながら「この島は歴史的なこともあって、あんまり記録が残ってないんですよね…」とつぶやくように話した。そこでそれ以上聞くこともしなかったが、今にして思い当たるようなことがある。

　これまで書いてきたように、牧野が調査した当時、屋久島の島民と国は、いわば係争中であった。山の国有化に島民が異議を申し立て、行政裁判所

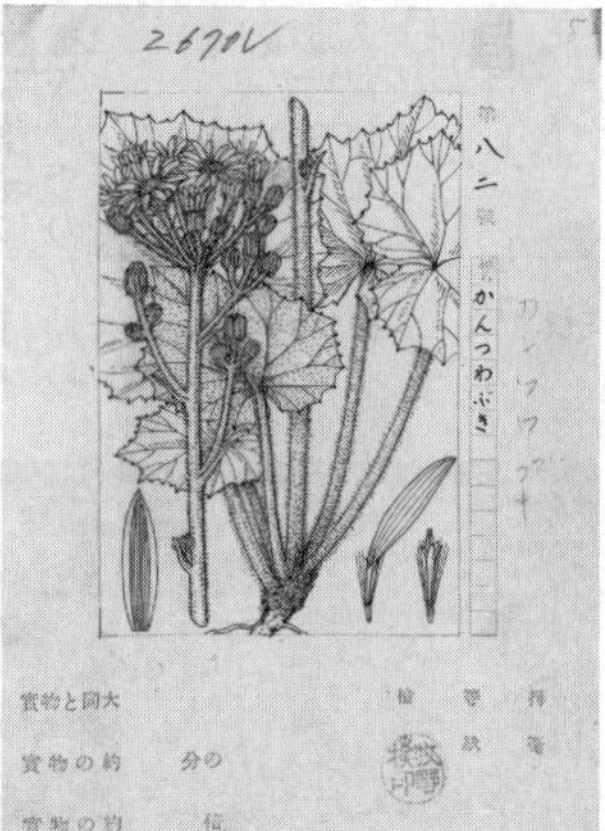

カンツワブキ：上は1909年の屋久島旅行で牧野が採集したタイプ標本（東京都立大学牧野標本館所蔵）。下は牧野日本植物図鑑〈1940〉の原図

牧野が屋久島旅行で採集した屋久島固有種イッスンキンカのタイプ標本（東京都立大学牧野標本館所蔵）

に提訴したばかりであったのだ。

牧野の身分は国立大学の職員だった。国の森林管理局の案内もあったに違いない。そうした事情が背景にあって、牧野は屋久島を語っていないのではないだろうか。

しかし、それとは裏腹に、植物採集においては大きな成果があった。屋久島で採集した植物を列挙しよう。

カンツワブキ、アオツリバナ、ヒメヒサカキ、イッスンキンカ、シマコガンピ、ハナゼキショウ、アクシバモドキ、コフジウツギ、オオゴカヨウオウレン、ヤクシマスミレ、ヤクシマシオガマ…。

◆◆◆

縄文杉まで片道11キロ。うち8キロほどは割合に平たんな道で、主に林業用に使われていたトロッコ列車の線路の上を歩いた。1カ月に35日雨が降ると言われる多雨の島だが、珍しくこの1週間ほど雨がないと言う。ぬかるんだ道も歩くこともなく、よく晴れて暑すぎる

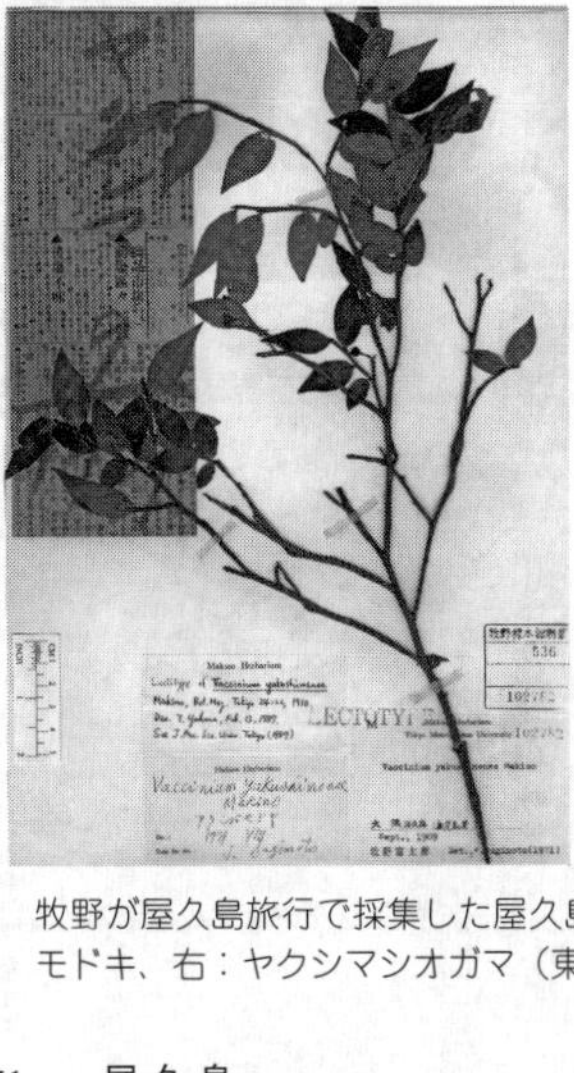
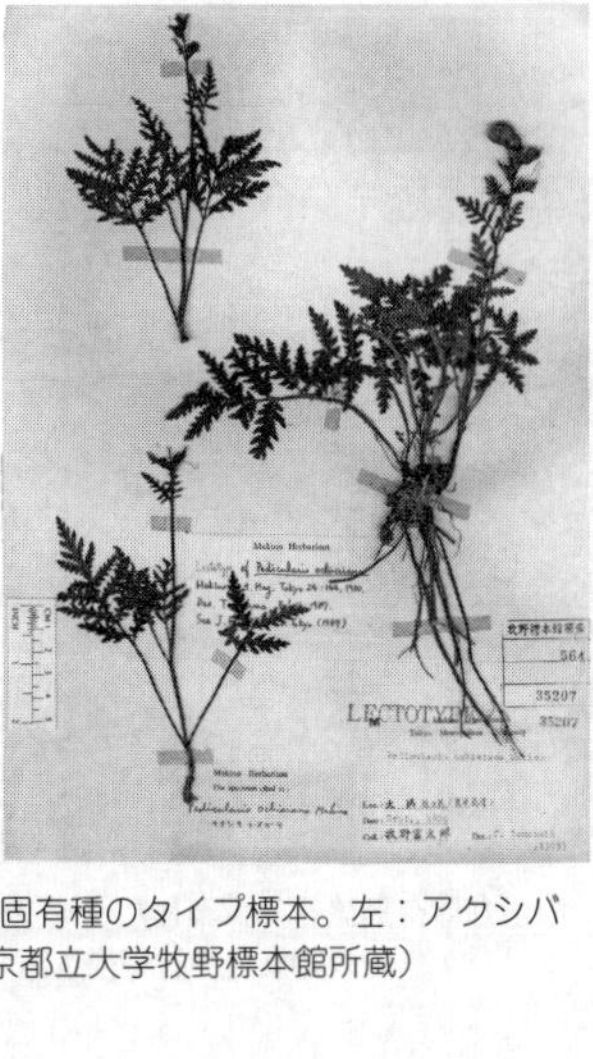

牧野が屋久島旅行で採集した屋久島固有種のタイプ標本。左：アクシバモドキ、右：ヤクシマシオガマ（東京都立大学牧野標本館所蔵）

こともない、植物観察にも恵まれたコンディションだった。

「夏でもこの山は日焼け止めが必要ないんですよ」

Kさんが言う通りに、トロッコ道は照葉樹林に覆われた木陰のトンネルのようでもあった。

そのトロッコ道を歩き始めてから2時間ほどのこと。

「あっ」と、Kさんが足を止めた。

愛好家になればよい

屋久島の山岳ガイド、Kさんが立ち止まった。その植物の葉をつまんで、しげしげ眺めた。

「これがアオツリバナですね」

九州南部、屋久島周辺のみに自生するニシキギ科の落葉低木。牧野がこの地で採集して発表した。ツリバナの仲間で葉面が青みを帯びていることから、その名が付いた。それから5分後。

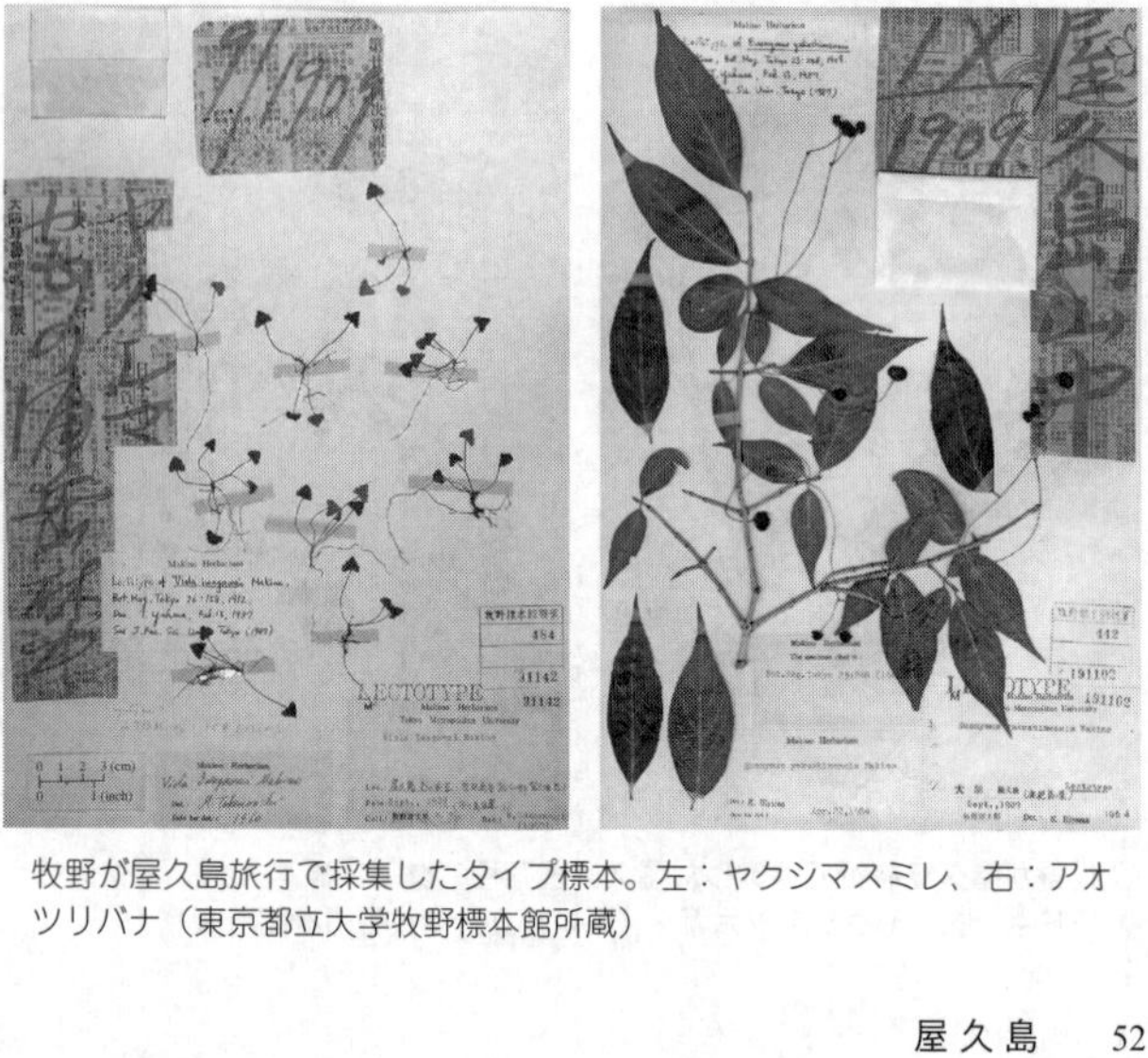

牧野が屋久島旅行で採集したタイプ標本。左：ヤクシマスミレ、右：アオツリバナ（東京都立大学牧野標本館所蔵）

「オオゴカヨウオウレンです」

これも牧野が発表した。キンポウゲ科の常緑多年草で屋久島の固有種である。オウレンといえば、牧野がこよなく愛した花は、故郷佐川町で見ていた「バイカオウレン」だった。

牧野はこんなふうに書いている。

〈梅花オウレンが山道の片側の斜面に沢山《たくさん》生えていることを子ども時代に早くから知っていたので、今日この草を見るとすこぶる懐かしい思いがする。ことにその小さい梅花様の白花が他の草にさきがけ、なお時候の寒いのにかかわらず、いち早くその葉の間に咲き綻《ほころ》びしその風情は、決して忘ることのできない思い出の印である〉（牧野「土佐の博物」第6号）

牧野は佐川に帰るたび、この植物がある場所に足を運んだ。高知から東京に送り届けてもらったこともあり、その開花をとても喜んだという。このはるか南方の島で、バイカオウレンの仲間を見つけた牧野の心のたかぶりを想像する。ちなみに高知県立牧野植物園のロゴマークは、このバイカオウレンの葉がモチーフとなっている。

◆◆◆

「ヒメヒサカキ」「ヤクシマスミレ」…牧野ゆかりの植物に次々と出合えた。

その特徴を捉えることができると、自分の目でもあちこちにアオツリバナやオオゴカヨウオウレンがあることが分かる。それらは単なる緑の葉っぱではなくなる。その名前を知らぬ親友というのはあり得ないことだ。

牧野に導かれて屋久島を黙々と歩きながら、植物の名を覚えるということは何と楽しいことだろう、といまさらながらに思った。

牧野の研究の集大成となる「牧野日本植物図鑑」には、野外で持ち歩けるようにと編集されたポケット版がある。その巻頭にこんなことも書いている。

〈植物図鑑の生命は全く図版にある。いかに精細な説明文を読んで見るよりも描写された図と実物とあてはめるのが第一である〉

そして、「自叙伝」にも書く。

〈しかし、何も私のように植物の専門家になれというのではない。ただ草木の愛好家になればよい。ここにまことに幸いな事には、草木は自然に愛せらるる十分な資格を供え、かの緑葉を見ただけでも美しく、その花を見ればなおさら美しい。（中略）そしてこれを楽しむに多くは金を要しなく、それが四時《しじ》を通じてわが周囲に展開しているから、何時にても思うまま容易に楽しむ事が出来、こんな良好なかつ優秀な対象物がまたと再び世にあろうか〉

先に進んで出ねば

東京。高知県佐川町。

牧野富太郎の墓は、その2ヵ所にある。

もしも、どちらか一方の地を欠いていたなら、歴史的人物「牧野富太郎」は成立していなかった。

◆◆◆

「明治」という時代が始まる6年前、1862(文久2)年に牧野は、現在の高知県高岡郡佐川町に生まれた。生家は裕福な商家であったが、3歳で父、5歳で母を亡くし、孤独な幼少期を送った。その淋《さび》しさを癒やしたのは、周囲の豊かな自然環境にあった。とりわけ植物探究に熱中した。

そして、その異様なほどの熱中が「上京」を促す。商家の経営を継ぎ、地方の「植物愛好家」として安穏に生きることを拒んだ。牧野は身近にある植物の観察に熱中し、同時に「世界」も見ていた。英語、天文学、地理、物理…そうしたグローバルな学問を、佐川の郷校「名教館《めいこうかん》」で学んだ。

◆◆◆

1877(明治10)年。牧野は請われて、地元の尋常小学校の臨時教員となった。まだ15歳の時。今で言えば中学生が小学校の教壇に立ったことになる。

〈私は小学校の先生をしていたが、学問をするにはどうも田舎に居てはいかん、先に進んで出ねばいかんと考え、小学校を辞し高知へ出かけた。その頃東京へ出ることなどは全く考えなかった。東京へ行くことなどは外国へ行くようなものだった〉（自叙伝）

本書ではまず北海道・利尻島、次に鹿児島・屋久島の植物採集の現場を歩きながら、30～40代の壮年期の業績をみてきた。本章「東京」は時代をさかのぼり、東京に身を置いて研究活動を始めた20代のころをたどる。

正確に記せば、牧野が東大に「助手」として採用されて東京にどっしりと居着くのは30代になってからであり、20代のころはまだ高知と行きつ戻りつしてもいたが、それはとても濃厚な10年だった。裕福と貧乏、夢と現実、寛容と排他、称賛と誹謗《ひぼう》、それら相反するものが複雑に絡み合った青年期であった。〈東京へ行くことなどは外国に行くようなもの〉と書いていることに着目したい。「高知」というより、まだ「土佐」と呼んだ方がしっくりしていた時代。長い鎖国から目覚め、異文化のエネルギーをぐいぐいとのみ込み始めてもいた東京は、確かに異国のようでもあったろう。

ともに高知県出身の思想家・中江兆民と社会主義者・幸徳秋水の主要論文を仏語に翻訳したフランス

東京のＪＲ日暮里駅近くの天王寺墓地にある牧野富太郎の墓（台東区谷中）

人学者、クリスティーヌ・レヴィさんは、高知を訪れた際に、こんなふうな話をしていた。

「土佐人は都に憧れながら、憎んでいる。その両方を持ちながら、日本の思想史で重要な役割を担ってきた。龍馬もそうですし、兆民はフランス、秋水はアメリカに行った経験もあって、世界的な教養と視野を有していました」

「秋水は愛国心というものを批判し、日本という前に人類というものが重要だという世界主義に至っていました」

そうした精神性は牧野にも共通していると思える。


〈もっと書籍が買いたくなり、また顕微鏡というものが欲しくなったりしたので、東京へ旅行することを思い立った。ちょうどその頃東京では勧業博覧会が開催されていたので、その見物という意味もあった。明治十四年の四月に佐川を出発して東京への旅に上った〉(自叙伝)

牧野、19歳の春だった。

人生を定める旅へ

その後の人生を定める、運命的な旅となった。

1881(明治14)年4月。19歳の牧野は、佐川町を出立した。

単身ではない。造り酒屋と雑貨店だった実家「岸屋」の番頭をしていた者の息子、そして旅の会計係となる「実直な男」を連れての3人旅だった。このころ東京では、日本の産業振興を目的とする第2回内国勧業博覧会が開かれていた。4年前の第1回勧業博覧会は西南戦争の最中に開かれ、その盛況ぶりは佐川にも伝わっていた。博覧会の見物、そして書籍と顕微鏡の購入が上京の表向きの理由だった。心底には「学問をするには外に出ていかねば」という強い思いがあった。

◆◆◆

幼少時に両親を亡くした牧野の面倒を見ていたのは祖母の浪子だった。その祖母が東京の旅を許した。大原富枝は「草を褥《しとね》に 小説牧野富太郎」で、この東京行きについての浪子の思いをこんなふうに描写している。

〈いまのうちに東京へも一度行かせておけば彼も落ち着いて岸屋を嗣《つ》ぎ、一方の趣味として自由に植物の研究を続けてゆくであろう、と考えていた。そういう趣味を持つ、大商家の旦那衆は何人も見て来ている。とにかく東京を自分の眼で見てくれれば、自分の座が見極めがつくというものだ〉

ところが、この祖母の狙いは、ことごとく見当違いなものになった。すべて裏目に出た、とも言える。2ヵ月余りの東京の旅から帰った牧野は、さらにそわそわする。植物研究は趣味でなく、学問になった。「自分の座」は商家の旦那ではなく、植物学者にあると見極めた。そのために故郷を離れ、あらためて東京に行かねばならない——。
もちろん祖母としては、富太郎に家業を継いでもらいたかったに違いない。しかし、どうだろう。浪子は和歌をたしなみ、書も巧みにする賢明な女性だったという。富太郎の資質も見抜いていたのではないか。東京行きが裏目に出るのではないかという予感めいたものも、内実にはあったのではないか。

◆◆◆

初めての上京。牧野は高知市の浦戸から汽船に乗って、神戸に向かった。神戸からは汽車で京都へ。京都からは歩いた。滋賀の大津などを経て、三重の鈴鹿峠を越えた。四日市から横浜行きの船に乗った。横浜からは再び汽車に乗り、念願の東京に着いたのだった。

この時代の多くの人がそうであるように、牧野もよく歩いている。

植物を研究する者にとって、「歩く」ということには格別の意義がある。道すがらの植物を観察することができるからだ。この東京行きにあっても、牧野は植物採集を怠ることはなかった。

〈その間慣れない様々な植物を見た。茶筒に入れて国へ送り植えて貰《もら》った。「しらがし」などは極めて珍しかった。「あぶらちゃん」の花の咲いた枝をとり、東京まで持っ

20歳ごろの牧野富太郎（高知県立牧野植物園所蔵）

て行った〉（自叙伝）

神戸と東京を結ぶ東海道線の全線開通は、この8年後。途切れている場所は歩いたり、馬車などを使ったりするしかなかった。けれど19歳の牧野にとって、見知らぬ土地を自分の足で歩くことは喜びと発見の連続でもあっただろう。故郷と異なる町並みや風景、その植生が新鮮な刺激を与えたに違いない。

植物学者の出発点

私が東京都文京区白山にある小石川植物園を訪ねたのは、2012年8月中旬の暑い盛りだった。都心という立地にありながら、散策のしがいもある広々とした気持ちの良い所だ。周囲の雑然とした都市風景とのコントラストも、この植物園の魅力だろう。大きな木々の下で、ゆっくりと呼吸をする。いつの間にか東京の性急なリズムに染まってしまっているのをスローダウンして、心を整えた。

ここが牧野にとって、生涯の拠点となる植物園だ。

牧野富太郎の生涯の本拠地となった小石川植物園（東京都文京区白山）

〈東京滞在中は勧業博覧会を見たり、本屋で本を買ったり、機械屋で顕微鏡を買ったりした。山下町の博物局（今の帝国ホテルの辺り）へも行った。田中芳男という人にはじめて会った。博物局では小野職愨《もとよし》、小森頼信という植物関係の人に会い、植物園を見せて貰《もら》ったりした〉（自叙伝）

この植物園が小石川植物園だ。現在の正式な名称は東京大学大学院理学系研究科附属植物園本園。日本で最も古い植物園で、徳川幕府が造った「小石川薬園」が遠い前身となる。

1877（明治10）年に東京大学が発足すると、すぐ付属植物園となった。牧野が訪れたのは、その4年後だった。文中の「博物局」は、今の東京国立博物館の前身。これも牧野が上京した年に東京上野に場所を移し、現在に至っている。

牧野の初上京の時期は、明治政府が西南戦争という内戦を鎮圧して安定期に入ったころで、日本の学問の拠点となる施設も整い始めていた。近代日本に植物分類学を確立する、という牧野の大望には、時代の応援と要請があった。いい時期に東京に行ったのだった。

そして、東京行きの最も大きな意義は、出会いにあった。博物局で会った田中や小野は、牧野が故郷で熟読していた植物学の本を書いた筆者その人であった。田中らは、はるばる高知から自分たちを訪ねてきた植物好きの青年を非常に歓待したという。

牧野と親交が深かった元高知学園短期大学学長の故・上村登《みのる》さんは、自著でこんなふうに表現している。

〈富太郎は大きな収穫を持って故郷へ帰った。それは東京で買った新しい書物でも、また優秀なドイツ製の顕微鏡でもなかった。また日光や東海道で採集したたくさんの標本でもなく、それらは収穫の一部でしかなかった。最も大きな収穫とは――あこがれの東京に出て、博物局で、東京植物園で、新興の科学として目覚ましく発展し研究されつつある植物学の姿を、現実に見て来たことである。田中芳男や小野職愨《もとよし》のような、植物学者として尊敬を禁じ得なかった人たちの知遇を得たことである〉（『花と恋して 牧野富太郎伝』）

この旅をもって、植物学者・牧野富太郎の長い人生が始まった。

〈佐川へ帰ると大いに土佐の国で採集せねばいかんと思い、佐川から西南地方の幡多郡一円を人足を連れて巡り、かなりの日数を費やして、採集して歩いた〉（自叙伝）

「政治」との決別

「牧野富太郎」と「政治」は、程遠いイメージがあるかもしれないが、密接に関わっていた時期があった。19歳の牧野が初めて上京した1881（明治14）年、自由民権運動はその運動が結実する時期を迎えていた。以下、概略を記す。

1873年、西郷隆盛と高知出身の板垣退助らは朝鮮の排日的な姿勢を名目に、これを討つ「征韓論」を主張。しかし、欧米視察から帰国した木戸孝允、大久保利通らは内政の優先を唱《とな》えて、退ける。政権から下野した板垣は翌年、国民が選んだ議員によって運営される「民撰議院設立建白書」を政府に提出。国会開設を求める運動が始まり、自由民権運動が起きる。それは、薩長の要人によって進められる藩閥政治への不満も相まって、全国に広がった。

そして、牧野が初上京した年、板垣は日本初の政党「自由党」を結成。10年後の国会開設を政府に約束させる。

この当時、牧野青年の日々は植物探究にのみあったわけではない。イギリスの哲学・社会学者のスペンサーらの政治に関する書物を読み、政治集会にも熱心に参加していた。

牧野は自叙伝に書く。

〈当時は自由党が盛んで、「自由は土佐の山間から出る」とまでいわれ、土佐の人々は大いに気勢を挙げていた。本尊は板垣退助で、土佐一国は自由党の国であった。従って私

自由民権運動をしていたころの牧野富太郎〈中央〉と仲間たち（高知県立牧野植物園所蔵）

の故郷も全村こぞって自由党員であり、私も熱心な自由党の一員であった〉

〈人間は自由で、平等の権利を持つべきであるという主張の下に、日本の政府も自由を尊重する政府でなければいかん。圧制を行う政府は、打倒せねばならんというわけで、そこの村、ここの村で盛んに自由党の懇親会をやり大いに気勢を挙げた〉

しかし、もちろん政治の道に進んだわけでない。

〈後に私は何も政治で身を立てるわけではないから、学問に専心し国に報ずるのが私の使命であると考え、自由党から退くことになった。自由党の人々も私の考えを諒《りょう》とし脱退を許してくれた〉

その脱退には、派手な演出も凝らされた。

佐川町近くの仁淀川の河原で開かれていた自由党の大懇親会に、牧野は仲間たちと特注した大きな旗を掲げて現れた。化け物たちが火に巻かれて逃げて行くさまを描いた旗。牧野は仲間たちと脱退の演説をぶち、大声で歌いながら会場を後にしたという。

そのような明治初期の情景を思い浮かべる時、何かうらやましいような気持ちにもなる。その河原には、変革の熱気や興奮、そしてきっと楽しさもあったのだろう。今の政治や政党に失われて久しいものばかりである。

にぎやかな脱退劇は、牧野の固い決意の表れでもあったろう。

東京から2ヵ月余りして帰郷した後、牧野が精力的に植物を採集した記録が残っている。朝倉村（高知市）、桑田山（須崎市）、横倉山（越知町）、久礼、窪川、佐賀、有岡（四万十市）、沖ノ島（宿毛市）、柏島（大月町）……。

佐川の実家をほとんど留守にして、高知県内での植物採集の旅が続いた。

土佐からの珍しい男

東京から帰って植物学者を志す決意を固めた牧野富太郎は、高知県西部にある幡多地域への1ヵ月に及ぶ旅など、県内各地で精力的に植物採集をする。

そして、初の上京から3年後、再び東京に旅立つ。22歳になっていた。東京大学の植物学教室を訪ねることが大きな目的だった。

牧野は自叙伝に書いている。

小石川植物園内でもっとも古い建物、柴田記念館。1919年に建設され植物生理化学の研究室として使用されていた（東京都文京区白山）

〈東京の大学の植物学教室は当時俗に青長屋といわれていた。植物学教室には、松村任三・矢田部良吉・大久保三郎の三人の先生がいた。この先生等は四国の山奥からえらく植物に熱心な男が出て来たというわけで、非常に私を歓迎してくれた。私の土佐の植物の話等は、皆に面白く思われたようだ。それで私には教室の本を見てもよい、植物の標本も見てよろしいというわけで、なかなか厚遇を受けた。私は暇があると植物学教室に行き、お陰で大分知識を得た〉

牧野が植物学教室を訪ねたのは1884(明治17)年。当時の東京大学は今の千代田区一ツ橋にあった。木造2階建ての白ペンキ塗りの本館に、理学部の植物学教室はあった。

〈私は教室の先生達とも親しく行き来し、松村任三・石川千代松さんなどは、私の下宿を訪ねてくれたし、私も松村・大久保両氏と共に矢田部さんの自宅に招かれて御馳走《ごちそう》にあずかったこともあった〉

こうして日本の最高学府に自由に出入りすることができるようになったばかりでなく、非常に親しく交際するようにもなった。

◆◆◆

上村登《みのる》の評伝「花と恋して」では、同じ場面が以下のように描写される。

〈艶《つや》のよい黒髪を蓬々《ほうほう》と伸ばし、袴《はかま》をはいた和服姿で、たくさんの標本や写生図やノートなど、豊富な資料を携えて土佐の田舎から出て来た牧野青年に、矢田部教授をはじめ教室員一同は非常な関心を持った。「土佐から珍しい男が来た」というので大いに歓迎された。そして毎日下宿から教室に出て来る熱心さと、話の中にさえ植物学に対する驚くべき卓見と異様な情熱を示すこの牧野青年に、矢田部博士も大いに心を動かされた。（中略）そのころ新進の植物学者として名の高かった矢田部教授から、思いがけない便宜を与えられて彼は狂喜した〉

牧野は、東京大学の入学試験に合格したわけでもない。職員として採用されたわけでもない。それなのに東大の研究室に出入りするようになる。まだまだ寛容の時代であったのだろう。明治初期、学者たちの学問への澄み切った精神も健在であった。

◆◆◆

主任教授だった矢田部良吉は、中浜万次郎（ジョン万次郎）らに英語を学び、1870年に渡米。官費留学生として米コーネル大学で植物学を修めた。1876年に帰国し、翌年、東京大学の発足と同時に教授に就いていた。もともと土佐の漁師であった万次郎に教えを受けたこともあったから、牧野の出自にも興味や親近感があったのではないか。

2度目の上京の際、牧野は東京に下宿を構えた。そこに植物学教室の学生たちも出入りした。

〈私の部屋は採集した植物や、新聞紙や、泥などでいつも散らかっていたので、牧野の部屋は狸《たぬき》巣のようだとよくいわれたものである〉(自叙伝)

それからの4年間、東京と佐川を行き来する暮らしが始まる。

〈東京の生活が飽きると、私は郷里へ帰り、郷里の生活が退屈になると、また東京へ出るという具合に、私は郷里と東京との間を、大体一年毎《ごと》に往復した〉

日本植物誌作りたい

東大という最高学府に出入りするようになっても、牧野富太郎は何ら臆《おく》することなく、持ち前のバイタリティーを存分に発揮した。

ところが、その活力とそこから生まれる実績が、やがて一つの「事件」を引き起こす。

◆◆◆

上村登《みのる》の評伝「花と恋して」から、いささか小説風な場面を借りてこよう。

東大植物学教室の矢田部良吉教授と牧野青年のやりとりだ。

「牧野君、君は一体どうして植物の研究などはじめたのかね」

「別にどうしてということもありませんが、子供の時から植物が好きでしたから…」

「ふん、それで今まで何かまとめてみたものでもあるのかね」

「はあ、ずっと前から郷里で土佐植物目録を完成しようと志しておりました。それももう大方出来上がりました。これからも分類学を研究し、日本のフローラ（植物相）を明らかにするよう、日本の植物誌を作るまでやってみたいと思います」

「ほほう。土佐植物目録を作っているのか。それはよい。大いにやり給《たま》え。…しかし日本植物誌は少し大きいね…。まあいいさ、ここの図書や標本を自由に見てもよいから、大いに勉強し給え」

矢田部教授は土佐植物誌を作ることは大いに勧めているが、「日本植物誌」については、少し留保のようなものが付いた、距離のある

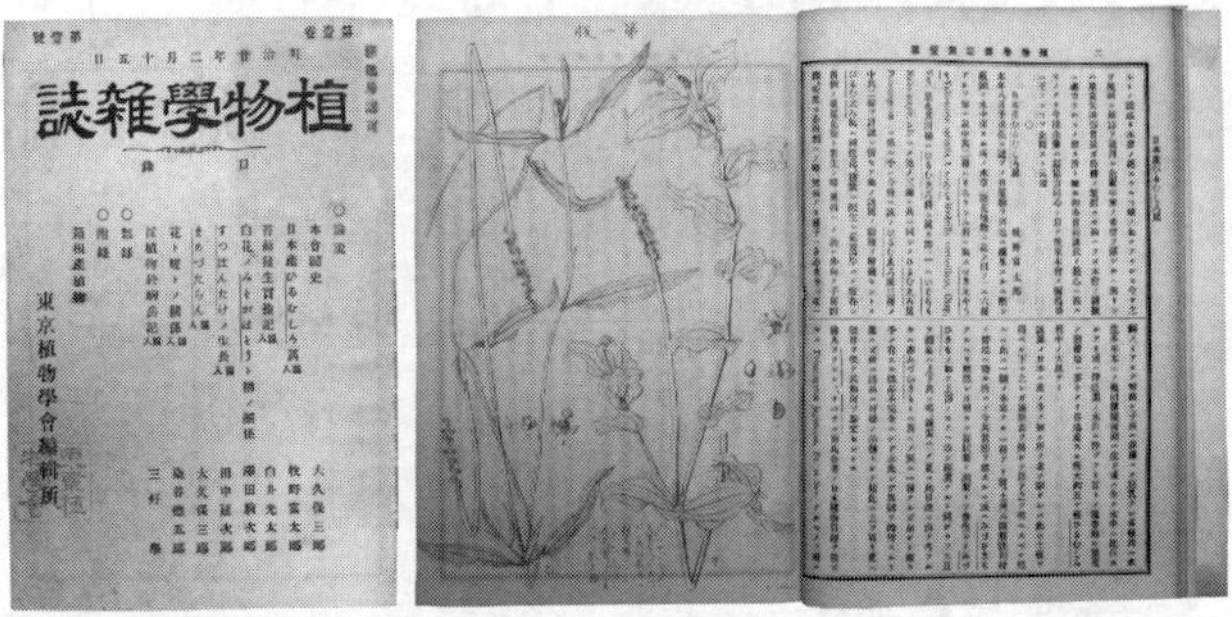

「植物学雑誌」第１号の表紙と、同号に掲載された牧野富太郎の論文と図

物言いにもなっている。

後に矢田部から言い渡されることになる「東大植物学教室への出入り禁止」という事件の前兆は、その出会い時から存在していた。

◆◆◆

当時の牧野は友人にも恵まれた。彼らはれっきとした東大生であったが、それは対等な付き合いだった。互いの下宿を行き来し、植物採集も一緒に出掛けた。

こうした交際の中から、「植物の雑誌を作ろう」という話が持ち上がった。牧野は親しい友人であった市川延次郎、染谷徳五郎の2人の学生と原稿を用意し、矢田部教授に相談した。当時、東京植物学会という学会組織があった。渡りに船と思ったのだろう。教授は学会の機関誌として、その雑誌を創刊することにして、1887（明治20）年、「植物学雑誌」が刊行された。創刊号は牧野や染谷ら8人の論文を掲載した。牧野は、池や水田に生える水草「日本産ヒルムシロ属」についての論文を寄せた。

◆◆◆

ただ、これで満足する牧野ではなかった。先の矢田部教授との会話の中にもあったように、国内の植

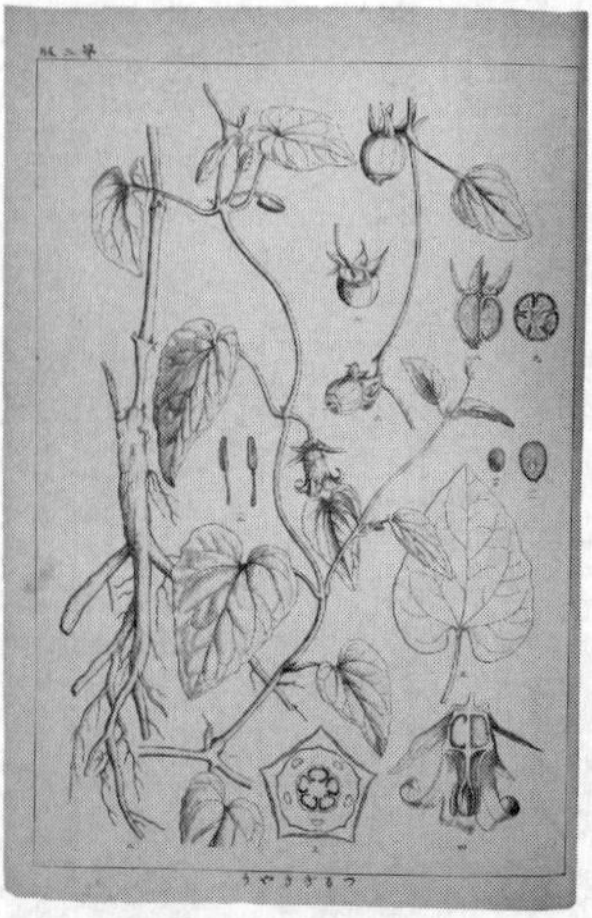

「日本植物志図篇」掲載のツルギキョウの図

物を網羅し、分類して記す「日本植物誌」の完成が大望だった。そのための植物図や文章を書くこともできた。問題はどうやってそれを印刷するかだった。牧野は石版印刷の機械を自ら買うことにした。そして石版印刷のやり方を学ぶために東京の小さな石版屋で1年間働いて、それを身に付けたという。

「植物学雑誌」刊行の翌年、念願だった「日本植物志図篇《ずへん》」第1巻第1集を出版した。

〈私の考えでは図の方が文章よりも早わかりがすると思ったので、図篇の方を先に出版したわけであった。この第一集の出版は、私にとって全く苦心の結晶であった。日本の植物誌をはじめて打建《うち》てた男は、この牧野であると自負している〉(自叙伝)

世界的発見「ムジナモ」

26歳の牧野が出版した「日本植物志図篇《ずへん》」第1巻第1集は、日本の植物学界に大きな衝撃を与えた。東大の矢田部良吉教授の下にいた松村任三助教授も、この若者の仕事を絶賛して、次のように書いたという。

〈今日只今、日本帝国内に、本邦植物図志を著すべき人は、牧野富太郎氏一人あるのみ〉

何がそれほど、すごかったのか?

牧野富太郎が発見した食虫植物「ムジナモ」(高知県立牧野植物園所蔵)

まずはその「企画」にあった。第1巻第1集と銘打った通り、これは「日本植物志」という長大なシリーズの始まりを告げる創刊号であった。これは現在も流行している「分冊百科」と呼ばれる出版スタイルの先駆けとなるものだろう。例えば「世界の美術館」や「JR全駅・全車両基地」といったように、定期的に分冊が発行されていって完結をみるものだ。

まだ日本には総合的な植物誌が存在していなかった。これを牧野はやろうとした。大冊の刊行は時間と金銭の制約からも不可能なことであり、まずは精密な植物図を掲載した分冊で発刊することにしたのだ。

広く売れるような本ではない。牧野は自費で出版することにした。

そして、人々を驚かせたのは、その植物の形態を隅々まで精密に描いた図にあった。綿密な観察を重ねた上の圧倒的な作画テクニックによって、描かれた植物は写真を超えた実在感があった。

〈自分でいうのも変だが、私は別に図を描く事を習ったわけではないが、生来絵心があって、自分で写生なども出来る。そこで特に画家を雇うて描かせる必要もないので、まずどうにか独力でやってゆけると考えたのである〉（自叙伝）

「日本植物志図篇《ずへん》」刊行の翌年、1889（明治22）年には「ヤマトグサ」の学名を「植物学雑誌」第23号に発表した。これは日本の植物学史上に刻まれる出来事であった。

「学名」とは何か。例えば世界中の植物学者が集まったとき、それぞれの国で付けられた名前で呼び合うと、混乱が生まれる。世界共通の名前が必要になる。それが「学名」であって、命名の国際的なルールもあった。これまで日本人は、海外の植物学者を頼って、海外の学術雑誌に「学名」を発表していた。

牧野は思っていた。そんなことでは情けない。日本人は自力で「学名」を発表しなければならない。牧野は、その先駆けとなった。

さらに世界的発見もあった。「ムジナモ」という奇態な食虫植物を見つけたのだ。

1890年5月。28歳の牧野は、東京と千葉の境を流れる江戸川のそばを歩いていた。ヤナギの実の標本を採ることが目的だったが、用水池に浮かぶ異様な水草のようなものが目に入った。尋常な植物でないという直感があった。すぐさま採集して東大の植物学教室に持ち帰った。

みんなが驚いた。

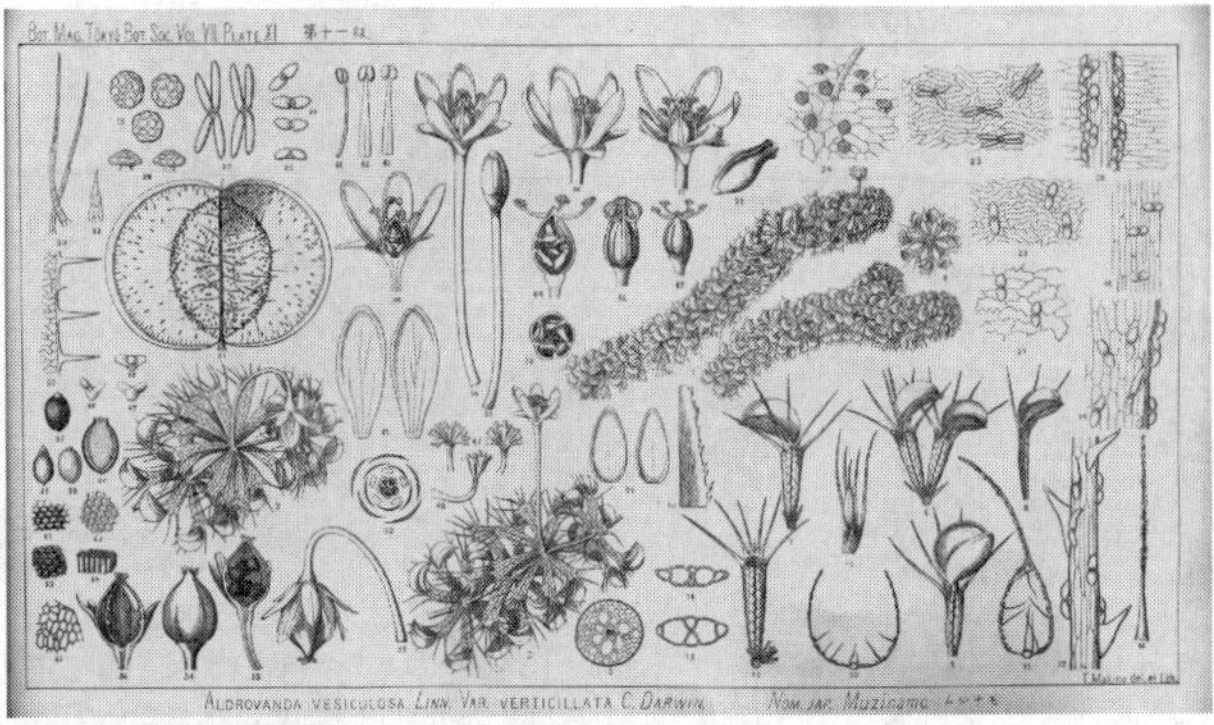

「植物学雑誌」第80号に掲載されたムジナモの図

大学出入りを禁ず

この奇妙な植物は一体何だ？

牧野が採ってきた植物標本を見て、思い当たることのあった東大の矢田部良吉教授が文献を調べると、果たしてそれが世界的にも珍しい食虫植物「ムジナモ」であることが分かった。当時は欧州、インド、オーストラリアの一部のみで確認されている希少植物だった。

「ムジナモ」の自生地として、新たに日本が加わることになった。つまりこれは世界的な発見であり、それを見つけた植物学者、牧野富太郎の名もグローバルなものになっていく。

ところで、「ムジナモ」の「ムジナ」とは主にアナグマのことを指す。その植物は獣の尾のような形をしていて、しかも虫を食べるということから、牧野が「ムジナモ」と和名を付けた。牧野は「ムジナモ発見物語り」と題した随筆で、こんなふうに描写する。

〈このムジナモは緑色で、一向に根はなく、幾日となく水面近くに浮《うか》んで横たわり、まことに奇

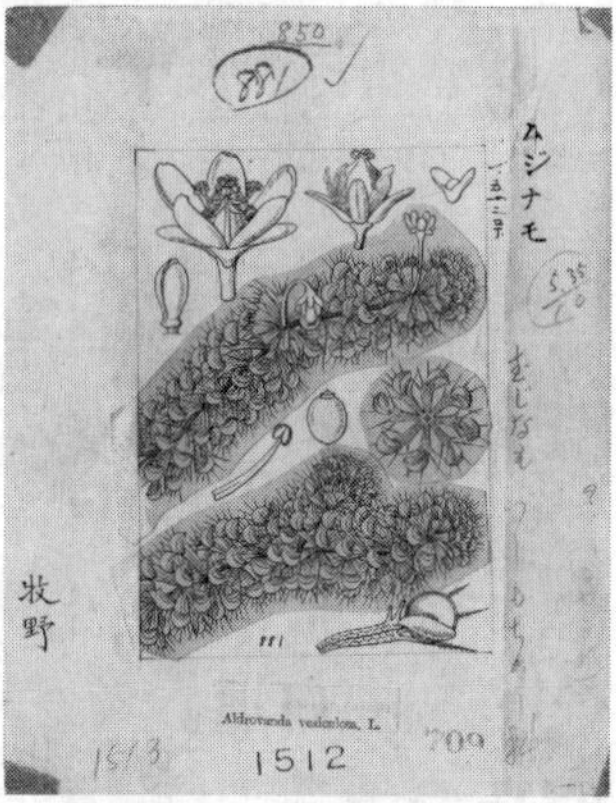

牧野自身による牧野日本植物図鑑〈1940〉のムジナモの原図。植物体と葉の図は「植物学雑誌」からの流用のようだ

態な姿を呈している水草である。一条の茎が中央にあって、その周囲に幾層の車幅状をなして沢山な葉がついているが、その冬葉には端に二枚貝状の嚢《ふくろ》がついていて、水中の虫を捕《とら》え、これを消化して自家の養分にしているのである〉

2012年夏、東京調布市の神代植物公園で特別企画展「牧野富太郎生誕150年記念展」が開かれていた。栽培したムジナモの展示もあって、私も初めて見ることができた。なるほどに異様な姿の水草であって、やはり植物のくせに虫を食べるというのは、見るものに不気味な思いをさせるものだった。

◆◆◆

「植物学雑誌」の創刊を企て、精緻な植物図を掲載した「日本植物志図篇《ずへん》」を自費出版。続いて「ヤマトグサ」の学名発表、さらには「ムジナモ」の世界的発見があった。

牧野は得意の絶頂にあった。

しかし一方で、やられた、と感じている矢田部教授がいた。

若い牧野の才能と行動力を恐れた。

「ムジナモ」発見直後のことだった。ある日突然、矢田部は牧野に告げた。

東大の矢田部良吉教授
〈「植物学雑誌」第154号より〉

〈しかるにこの時になって、矢田部博士の心が変わって来た。「実は今度自分でこれこれの出版をすることになったから、以後、学校の標品や書物を見ることは遠慮してもらいたい」。こういう宣告を下された〉（自叙伝）

牧野は困惑し、呆然となった。〝破門宣告〟であった。納得できない牧野は、矢田部教授の自宅まで訪ねて懇願した。

〈今日本には植物を研究する人は極めて少数である。その中の一人でも圧迫して、研究を封ずるようなことをしては、日本の植物学にとって損失であるから、私に教室の本や標本を見せんという事は撤回してくれ。また先輩は後進を引き立てるのが義務ではないか〉（同）

が、こうした訴えも冷たい拒絶で退けられた。

〈私は大学の職員でもなく、学生でもないので、それ以上自説を固持するわけには

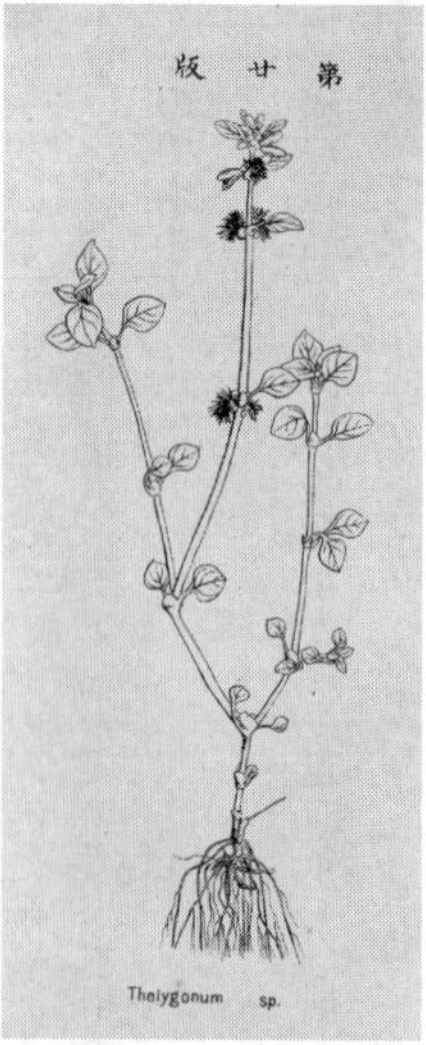

牧野富太郎が初めて学名を付けた「ヤマトグサ」の植物図。「植物学雑誌」第9号に掲載。学名は同第23号で発表された（高知県立牧野植物園所蔵）

ゆかなかったので、悄然《しょうぜん》と先生宅を辞した〉
（同）

かつて歓待も受けた矢田部宅から、うなだれながら帰る牧野青年の背中を見るような思いがする。

ロシアに行きたい

ロシアに行く。

28歳の牧野は、日本を出る決意を固めた。

国内で植物学者として生きる道は閉ざされた――東大の矢田部良吉教授から言い渡された植物学教室への出入り禁止は、それほどに大きな出来事だった。

ロシアには牧野が「師」と敬愛する人がいた。

世界的な植物学者、カール・ヨハン・マキシモヴィッチ（1827～1891年）である。しばしば牧野は「日本植物学の父」と形容されるが、マキシモヴィッチはその牧野の学問上の「父」と呼べる

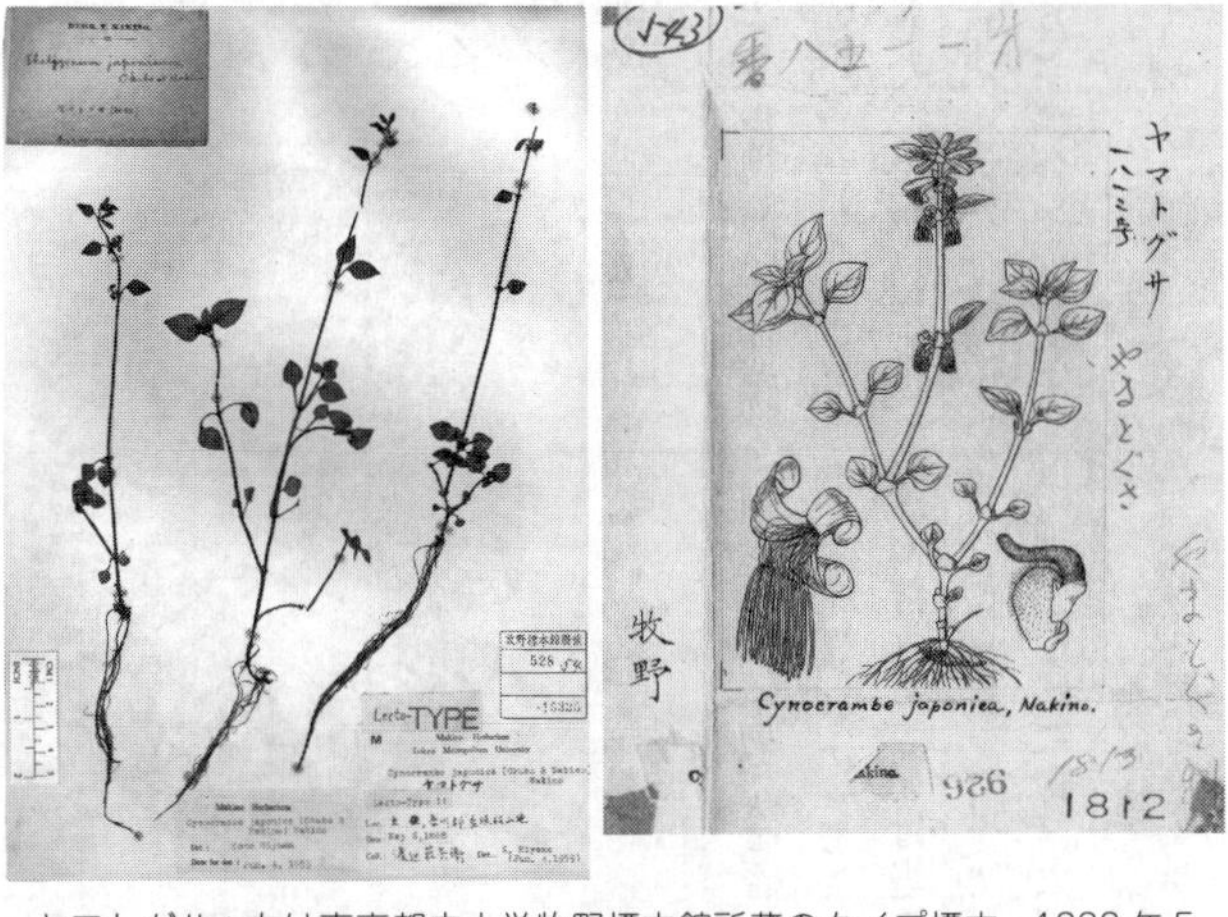

ヤマトグサ：左は東京都立大学牧野標本館所蔵のタイプ標本。1888年5月6日土佐吾川郡長坂村山地（現・高知県仁淀川町）採集。右は牧野自身の手による牧野日本植物図鑑〈1940〉の原図

ような存在であった。

◆◆◆

牧野が生まれた年の1862年、ロシア人・マキシモヴィッチは日本に滞在していた。目的は、未知の国である日本の植物を調査することにあった。モスクワ郊外のツーラで生まれたマキシモヴィッチは、父の跡を継いで医師になるため大学に進んだが、「ロシア植物誌」の著者であった教授に出会い、植物分類学の道に転じた。サンクトペテルブルクの帝室植物園に勤めて、ここを生涯の研究拠点とする。

ロシア学術探検隊の一員として世界を巡った後、アムール川沿いの植物を調査して植物誌を著して盛名を馳《は》せた。やがて満州の植物調査をこなせば、その先にある日本に関心が向くのは当然のことだった。

1860年、32歳のマキシモヴィッチは函館に入港した。外国人が港から遠く離れることは当時禁じられていたため、岩手県の農民であった須川長之助を手足のように使って、植物採集に当たらせた。函館、江戸、横浜、長崎の各港を拠点として3年5ヵ月にも及ぶ調査を行った。その調査中に牧野富太郎が産声を上げているのだった。

マキシモヴィッチは回想している。

ロシアの植物学者マキシモヴィッチ（高知県立牧野植物園所蔵）

〈私は函館で頭の良い日本人助手、長之助に恵まれ、彼に植物の採集方法について教授した。長之助の勘の良さと誠実さのおかげで、私は遠方での調査に成功することができた。というのは長之助は当時外国人が立ち入り禁止であった内陸部から新種や珍しい植物、種子を多く採集してきたのである〉「県立牧野植物園企画展図録『牧野富太郎とマキシモヴィッチ』」

互いの信頼関係と人柄が伝わってくる文章だ。

◆◆◆

牧野が73歳になり、初めて北アルプスの立山連峰に登った時のエピソードだ。

頂上近くに白い花の群生があった。それはマキシモヴィッチの命を受けて、長之助がこの立山で採集した植物だった。牧野は29歳の時、その高山植物の標本を手にする機会があり、長之助への敬意を込めて「チョウノスケソウ」と和名を付けていた。

〈頂上近くの一の越しで、この旅に富太郎を招いた進野久五郎が足を止め、「先生が日本名を付けられたチョウノスケソウは、ここにまだ健在です。」と一群の白い花を指差した。富太郎はそれを聞くと、歓喜して走り寄り、斜面のガレ場に腹這《ば》いになって、一株を抱えるように「名付け親が来たぞェー」と愛《いと》おしそうに頬ずりした。（中略）今、立山で生きたチョウノスケソウと初めて対面した富太郎の感激はひとしおであった。眼前に揺れる、直径2センチほどの少し黄味を帯びた小さな花は、富太郎にとって若き日の自分と、自分に大きな影響を与えたマキシモヴィッチとの交流を偲《しの》ぶ記念の花であった〉(同)

もう国内に居場所はない。牧野がロシアにいるマキシモヴィッチを頼ったのは当然の成り行きであった。

海南土佐の一男子

牧野に東大植物学教室への出入り禁止を言い渡した東大の矢田部良吉教授ら日本の植物学者が、最も頼りにしていたのがロシアのマキシモヴィッチであった。これまで彼を通じて、日本の植物に次々と学名が付けられて世界に発表されていた。

牧野もマキシモヴィッチに標本を送っていた。高知県越知町の横倉山で採集した「コオロギラン」には返信があった。その詳細な解剖図など分析も素晴らしく、それは新種の植物であった、といううれしいものだった。

失意の牧野はマキシモヴィッチを頼った。ロシアに行くことを決意した。東京の駿河台にあった教会のニコライ主教に仲介を頼んだ。ニコライからマキシモヴィッチに宛てた手紙が現存している。

〈牧野自身についていえば、非常に感じがよく、見たところとても親切でしかも有能な25才の青年です。父親と母親はありませんが妻はあり、子供はまだなく、土佐の出身です。…望んでいることは次の通りです。牧野氏を植物の研究のため貴方のところへ行かせてくれませんか。ペテルブルクまでの旅費は彼が持っていますが、ペテルブルクで暮らす費用はもっておりません。そちらで彼が衣食を得るために貴方から植物採集と植物園での職を与えてもらえないでしょうか〉(県立牧野植物園図録「牧野富太郎とマキシモヴィッチ」)

この求職はかなわなかった。

ロシアからの返信はマキシモヴィッチの死を伝えるものだった。インフルエンザが原因だったという。

この出入り禁止をめぐって、牧野に対する同情的な声も多かった。友人らの勧めもあって、東京帝国大学の分校であった農科大学を研究活動の場とした。

牧野の落胆は深かったが、それならばという気持ちが湧き上がった。

〈大学の矢田部教授と対抗して、大いに踏ん張って行くということは、いわば横綱と褌《ふんどし》担ぎとの取組みたようなもので、私にとっては名誉といわねばならぬ。先方は帝国大学教授理学博士矢田部良吉という歴とした人物であるが、私は無官の一書生に過ぎない。海南土佐の一男子として大いにわが意気を見すべしと、そこでは私は大いに奮発して、ドシドシこの出版を続ける事にし、今迄隔月位に出していたのを毎月出すことにした〉（自叙伝）

隔月刊であった「日本植物志図篇《ずへん》」を月刊にしたのだった。

◆◆◆

そして意外な形で、問題は決着をみた。はっきりとした理由は分からないが、東大内での権力争いによって、大学当局から矢田部教授が罷免されたのだった。

〈大学教授を罷職された矢田部良吉先生は、木から落ちた猿も同然で、憤慨してもどうにも仕方なかった。私は学問上の競争相手としての矢田部教授を失ったわけである〉（同）

矢田部教授が罷免された当時、牧野は佐川に帰っていた。矢田部の下にいた松村任三教授から「大学へ入れてやるから至急上京しろ」という手紙があった。

かくして1893（明治26）年9月、牧野は東京帝国大学理科大学助手という正式な職員として雇われることになった。31歳になっていた。大学からは月俸15円の給料が支払われることになったが、とても足りない。実家の財産も底をついた。

やがて「左の手で貧乏、右手で学問と戦う」日々を牧野はたどる。

六甲高山植物園を指導

キレンゲショウマの花が咲いていた。

〈私はこの花に会うため、お山さんに来たのではないか〉

宮尾登美子の小説「天涯の花」で、主人公の少女にそう語らせる花である。

孤児であった少女は、剣山にある神社の神職の養女に迎えられて、この花に出合った。その深山の高みで咲く希少な黄色の花は、ラッパのような形をした美しいものだが、まるで恥じらうように斜め下を向いて開く。「天涯」とは空の果ての意であり、宮尾はそこに咲く珍しい花を主人公の人生と重ね合わせた。

そのキレンゲショウマの花が神戸市の「六甲高山植物園」で見頃となっていた。私が訪ねたのは８月の盛夏だったが、海抜865メートルにある植物園は、神戸の市街地とは異なる涼風が吹き抜けていた。

１９３３（昭和８）年、牧野富太郎の指導によって開園した日本で最も古い高山植物園である。神戸市という大都市の郊外にありながら、北海道南部に相当する気候で、高山植物を中心に約１５００種類が栽培されている。

牧野はどんなふうに指導したのだろう。

「何度か訪れた記録は確かにあるのですが、その詳しいことは、よく分からないんです」。同園主任の森下絵里さんは残念そうに話した。

園内には、高山の岩場を再現した「ロックガーデン」もある。80年の歳月のうちに園は改装を重ねてきたが、「ロックガーデン」の一部は開園当時のままだという。

「牧野先生がお好きだったバイカオウレン、ここの気候が合うのか、2月ごろにはよく咲くんですよ」と森下さんが教えてくれた。

◆◆◆

11月。山頂付近は雪に覆われていた。兵庫県と鳥取県の境にある「氷《ひょう》ノ《の》山《せん》」。標高は1510メートルあり、中国地方では大山に次ぐ高さを誇る。

自分の未熟な登山技術もあって、何度かあきらめようとした。しかし、ここは75歳の牧野が登頂した山であった。44歳の私はそのことを思いながら、歩を進めた。うそのような話だが、途中で登山道を失って困惑していると、何やら壮年のころの牧野富太郎のような顔をした登山者に出会い、ルートの指南を受けた。登山道の一部が最近崩落して、従来のルートと異なっているという。

「富太郎のような人」の助けもあって、急登に向かう力が湧いた。8合目辺りから雪の道となった。きゅっ、きゅっ、と純白のかたくり粉を踏みしめるような愉快な気分を味わいながら、頂を目指した。

牧野の指導によって開園した「六甲高山植物園」（神戸市灘区六甲山町）

本物の牧野が氷ノ山《ひょうのせん》に登ったのは、1937（昭和12）年のことだ。2012年、この時の映像が神戸市内で発見され、同年6月の高知新聞朝刊1面で「牧野博士闊歩《かっぽ》貴重な動画」として、このニュースを伝えた。

16ミリフィルムで撮影された約1分30秒のモノクロ映像。ちょうネクタイの正装で、胴乱と呼ばれる植物採集箱を肩から提げた牧野のかくしゃくたる姿が映っている。牧野の動画は、それまで最晩年のインタビューや病床時の様子が残っているだけで、実際の植物採集の様子を生き生きと伝える初めての映像だった。

牧野と兵庫県、とりわけ神戸との関係は深い。本章「神戸」は、ゆかりの地を歩き、長年苦しめられた経済的困窮の時代をたどろう。

◆◆◆

兵庫県花「ノジギク」

駅の改札口を抜けてすぐ、花の香りがした。

この「ノジギク」を目当てに電車を乗り継いできたのだったが、それはあっけなく、改札口近くの花壇で咲き誇り、濃密な芳香を放っていた。JR姫路駅から私鉄に乗り換えて7駅を過ごせば、ここ「大塩駅」に着く。兵庫県姫路市大塩は「のじぎくの里」として知られる。

◆◆◆

ノジギクは、牧野が22歳の年である1884（明治17）年に高知県の吾川村で見いだし、命名した。山の中にあったから「野路菊」としたが、命名後に海岸沿いに多い植物であることが分かる。どうも勇み足のネーミングだったことになるが、シンプルな良い響きの名である。

1925（大正14）年、牧野はこの瀬戸内海近くにある大塩の地でノジギクの大群落を見つけ、感激する。以来、地域の人たちはこの花を特別に保護している。

戦後、兵庫県はノジギクを「県花」と定める。

そもそも「県花」というものは、NHKや観光連盟などが1954年に企画した「郷土の花」というプロジェクトが由来となって、その多くが定められたと言われる。

この選定には植物学の権威として、牧野も参加していた。

きっと牧野はきっぱり言ったのだろう。

「やはり兵庫はノジギクでしょう」

◆◆◆

大塩駅から15分ほど歩けば「のじ菊の里公園」だ。

11月下旬、その季節にしては暖かな日だった。公園の四辺はその名の通り、無数のノジギクで囲まれ、目の覚めるような白色の花が咲き誇っていた。前日は兵庫県の最高峰「氷ノ山《ひょうのせん》」の山頂で雪風にさらされていたから、早くも春を迎えたような錯覚にも陥った。

牧野が命名して兵庫県の県花ともなった「ノジギク」（姫路市大塩の「のじ菊の里公園」）

ノジギクの由来を告げる看板が公園のあちこちにあり、いずれにも「植物分類学の父・牧野富太郎博士によって命名され…」と誇らしく記されている。そんなことが、うれしい。

◆◆◆

ノジギクが満開を迎えていたころ、神戸市兵庫区の公会堂で牧野生誕150年を記念するシンポジウムが開かれた。およそ250の席はほとんど埋まっていた。

会場には牧野と神戸の関わりを紹介するパネルも展示され、多くの人が熱心に見ていた。

区長、来賓のあいさつに続いて、元兵庫県生物学会会長の白岩卓巳さんが壇上に立った。演題は「牧野富太郎と神戸・会下山《えげやま》」である。今回のシンポジウムは、この兵庫区の会下山地区の人たちが中心になって開催した。白岩さんには「牧野富太郎と神戸」（のじぎく文庫）という著書があり、その冒頭に書いている。

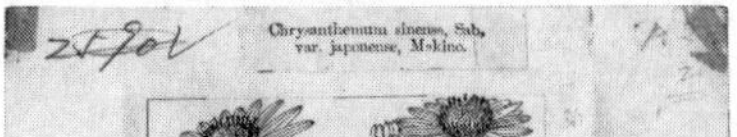

ノジギク：水島南平による牧野日本植物図鑑〈1940〉の原図

〈私は牧野富太郎を大成させたのは神戸との関わりがあったからであると信じています。神戸時

代がなければ世界の牧野になる仕事は完成しなかったし、広がりもなかったと考えています〉

牧野と神戸。

ここをつなげるには、まず牧野の「金《かね》の使い方」から、話を始めなければならないだろう。

生涯直らぬ悪癖？

牧野の次女、鶴代さんが書き残している。

〈昔、父が若い頃は、少しは財産もあったものですから、身なりなども整えていたらしいのです。けれども、だんだん生活が苦しくなってからは、床屋さんへも参りませず、髪は延ばしほうだい。着物なども、木綿の黒紋付の羽織を着ておりましたこともあり、それがいつしか羊羹《ようかん》色になってしまっているのを私はよく覚えております〉（牧野富太郎自叙伝に収録「父の素顔」から）

おしゃれ、というのが牧野の一般的なイメージではないだろうか。植物採集という野外の活動であるのに、ちょうネクタイをした正装、東大の研究室でのスーツ姿の写真…。当時の写真というのは、やはり特別なものであって、羊羹《ようかん》色に退色してしまった羽織など日常の姿を写すものではなかったのだろう。

１８９３（明治26）年、31歳の牧野は東京の帝国大学助手として初めて正式採用された。この時の月給は15円であり、米価を基準に考えれば、それは今の15万円ほどにしかすぎない。

〈大学へ奉職するようになった頃には、家の財産も殆《ほとん》ど失くなり、家庭には子供も殖《ふ》えてきたので、暮らしはなかなか楽ではなかった。私は元来鷹揚《おうよう》に育ってきたので、十五円の月給だけで暮らすことは容易な事ではなく、止むなく借金をしたりした。借金もやがて二千円余りも出来、暮らしが面倒になってきた〉(自叙伝)

2千円余りとは、月給の約130倍以上になる相当な額である。子どもは13人もいたというから、15円の給料では食費にも困った。

借金の差し押さえで、書籍や標本を取り上げられることもあった。家財道具が競売にかけられたが、「知人の間で工面した金」で取り戻したこともあった。

巨額の借金は、生活費のみによるものではない。

正装で植物採集をする牧野(高知県立牧野植物園所蔵)

大原富枝は「草を褥《しとね》に　小説牧野富太郎」という本の中で、牧野の金遣いの奔放さを「生涯直らなかった悪癖のようである」と断じた。

その象徴として、大原が挙げているのが以下のようなエピソードだ。

フランスの作曲家ドビュッシーと同じ年に生まれた牧野は、西洋音楽を愛好していた。ドイツからオルガンを購入し、その弾き方も学んだ。「高知西洋音楽会」なるものも主宰したことがある。凝り性なのだ。大学の助手に採用される直前、牧野は実家である商家の破産整理のために帰郷した。東京の自分の家庭も困窮しているにもかかわらず、「延命館」という一流の宿に滞在しながら、高知初の西洋音楽のコンサートを開くのである。こうしたことに80円という大金を投じ、〈明治二十五年は高知で音楽のために狂奔しているうちに、夢のように過ぎてしまった〉と振り返っているのだ。

大原は書く。

〈岸屋という大商家の一人息子として大切に育てられ、我が儘《まま》いっぱい、自己顕示欲の強烈さを抑制することなく育った彼は、破産の整理に帰りながら無駄な金を湯水のように使っていたわけである〉

このような「無駄な金」もあったようだが、「学問のための金」も湯水のように使った。その証拠となる物たちが、高知市五台山にある県立牧野植物園内の「牧野文庫」に収められている。文庫の司書の方に案内され、靴をスリッパに履き替え、文庫の中に入った。

圧巻の光景だった。

1億円？の蔵書

高知県立牧野植物園の中にある「牧野文庫」の書棚を眺めている。よくもまあこれだけの本を買ったなあ、とため息が出る。文庫司書の村上有美さんは「図鑑や辞典なども、以前の古い版と新しい版の両方を買っていることもあるんです。一体どこが変わったのか、それを確認する書き込みが残っていることもあります」と話す。

牧野が植物を語る時、それは植物学の分野にとどまらず、世界的な視野や文学の話題までも含んだという。そうした博学を支えていたのが、今こうして目の前にする蔵書だった。

牧野死後の1960（昭和35）年、全ての蔵書が牧野家より県に寄贈された。「牧野文庫」には、私財を投じて購入した書籍や植物画など約5万8千点が収められている。とりわけ中国、日本で出版された本草学（薬用植物を中心にした博物学）の書籍コレクションは、世界有数のものだと言われる。蔵書のジャンルも植物学に限らず、地誌、法制、医学、民俗学など多岐にわたっている。

◆◆◆

実際、牧野の本の買い方はすさまじいものだったという。

牧野と親交があった元高知学園短期大学学長の上村登《みのる》さんは著書に記している。

〈彼が書店へ入ると、店員を一人呼んで本の間を一緒に歩かせて、ほしい本を取り出して店員に持たせ、次から次へと店員が抱えられなくなるまで本を取り出し、いっぱいになると置いてこさせ、またあれこれと取り出して店員の腕いっぱいになる〉（花と恋して　牧野富太郎伝）

そんなありさまだった。

上村さんは結論付ける。

〈没後牧野蔵書を整理する仕事にたずさわったことがある著者には、貧乏の最も大きい原因は本の購入であったと考えられる〉

蔵書の金銭価値はどれだけあったのか？

蔵書整理にあたって、牧野家側の代表として佐藤達夫氏（１９０４～１９７４年）という人がいた。人事院総裁を務め、牧野とも親しかったという。上村さんが佐藤さんに聞いた。

「この牧野蔵書を古書店に評価させたら、どれぐらいになるでしょうね？」

佐藤さんは言下、答えた。

「一億円」

1960(昭和35)年当時のエピソードだ。再び、牧野の次女、鶴代さんの回想である。

〈父の部屋は三部屋も四部屋も本で埋めなくては入り切れませんから、そういう大きな家へ入ったのです。何しろ無計算で入るから、家賃が払えなくなって、早速大家さんから追い立てられるのです〉(自叙伝収録)

そんなふうだったから、牧野家の引っ越しは、練馬の大泉に落ち着くまで、およそ30回にも及んだ。高知県立牧野植物園が調べた住居の変遷記録を見れば、引っ越しは恒例行事のようであり、1年の間に2回あったことも、まれではない。

◆◆◆

牧野の妻、寿衛《すえ》の仕事は、子育てに加え、借金取りのあしらいにあった。牧野は週刊誌の対談で徳川夢声を相手に、こんなふうに語っている。

自宅で山のような蔵書に囲まれる牧野(高知県立牧野植物園所蔵)

〈この家内がね、わたしがいうとおかしいけれども、人と応待するのがおっそろしく上手なんです。高利貸やなんか怒ってやってくるでしょう。ちゃんとしまいまで聞いておりましてね、それから言訳を具合よくやって、しまいには「まことにこれは相済みません」というて高利貸が笑い顔をして帰りおりました〉

〈この時わたしはこう思った。こんな貧乏なヤクザなところへ来たからいかんけれども、どこか大きな会社の主人のようなそんなところへあれが行っとったら、もっと役に立ったろうと思いましたよ〉

しかし、いくらうまく取り立て人を追い返したところで、借金が減るわけではない。

牧野は決意を迫られた。

もう自分の植物標本を売るほかない、と。

標本を売るしかない

植物分類学者にとって、自ら採集した「植物標本」は、どんな資料よりも大切な掛け替えのないものだ。「利尻」の章でも紹介したように、時にそれは命懸けといってもいい行為を伴うこともある。

標本は、植物学者としての生きた証しである。

牧野の次女、鶴代さんはこんなふうに述懐している。

〈植物をとって帰って参りますと、その晩、しおれないうちに、すぐそれを、標本にこしらえるのです。ですから大抵、採集に行きましたその晩は、徹夜でございました。よく体が続いたものでございます。それを私たちが止めるようになったのは、八十歳になってからです。でも、その以前は、止めても、とてもとてもききいれませんでした〉（自叙伝より）

標本を作る牧野（高知県立牧野植物園所蔵）

牧野は自叙伝に書いている。

〈大正五（1916）年の頃、いよいよ困って殆《ほとん》ど絶体絶命となってしまったことがある。仕方がないので、標品を西洋へでも売って一時の急を救おう—こう覚悟した〉

この時、牧野54歳。31歳で東大の「助手」となり、50歳になってようやく「講師」に昇格する。大学から支給される月給はようやく上がったが、それでも教授などから比べれば、はるかに安いまま据え置かれていた。

ほとんどの人間は、稼ぎに応じた生活をするほかない。安月給であれば、それなりのつましい暮らしをするのが通常だろう。しかし、牧野にそうした常識はない。

学問のため（趣味的に欲しいものも）に必要な本は遠慮なく買った。日本中の主な植生地をくまなく歩いて、植物採集を行って、標本とした。当然のことながら、そうした費用はどんどんかさんでいった。借金問題はどうしようもなくなった。自分の学問、研究の結晶となる「標本」を海外に売るしかない、というのだ。

◆◆◆

牧野のそうした窮状を伝える記事が新聞に載った。

その一報は、東京朝日新聞（1916年12月15日付）だった。同紙に論説を書いていた農学士の渡辺忠吾という人物が「篤学者を困窮の中に置いて顧みず、国家的文化資料が海外に出されるようなことがあれば国辱である」とまで書いた。

これを受けて12月18日の大阪朝日新聞も、次のような見出しで報道した。

〈月給35円の世界的学者。金持ちのケチン坊と学者の貧乏はこれが日本の代表的一大痛棒なり。

牧野氏植物標本10万点を売る〉

記事の掲載直後、２人の資産家から援助の申し出があった。偶然にもその２人はいずれも神戸を拠点とする人物だった。

一人は実業家、政治家であった久原房之助（１８６９～１９６５年）。日立製作所などを創立、政友会の総裁も務めた。第１次大戦後に事業を拡大して、三井や三菱をしのぐほどの勢いとなり、神戸市に大邸宅を構えて住んでいた。

牧野は朝日新聞の記者だった長谷川如是閑《にょぜかん》らと相談を重ねて、２人のうち１人の申し出を受けることにした、という。

それは、久原ではなかった。

驚くべきことだが、その人物は京都大学に通っている25歳の大学生だった。

篤志家は大学生

牧野の経済的困窮は、京都大学法学部に通う学生によって救われた。

名は池長孟《はじめ》といい、当時54歳だった牧野より30歳ほども若い25歳の青年である。１８９１（明治24）年に神戸市兵庫区に生まれた池長は、資産家であった池長家の養子に迎えられ、養父の莫大《ばくだい》な財産を若くして引き継いでいた。

このころ、後に立憲政友会総裁となる久原房之助も牧野を援助しようと手を上げていた。それを断り、大学生からの申し出の方を受けた理由を牧野は特に書き残してはいない。財界の大物からの支援により、何かのしがらみが生まれることなどを懸念したのだろうか。

◆◆◆

牧野の貴重な標本が海外に流出するかもしれない。池長は新聞記事を読んで心を動かされ、新聞社に駆けつけた。そして標本を買い取ることを申し出た。そればかりでなく、買い取った標本はそのまま牧野に寄贈しようという。若者の純粋な篤志だった。

電光石火のごとく、話は進む。

牧野窮状の記事が朝日新聞に掲載されたのは1916（大正5）年12月18日。直後に池長の申し出があって、牧野はすぐに妻と東京から神戸に向かい、同24日、池長に面会する。「牧野富太郎と神戸」の著書のある元兵庫県生物学会会長、白岩卓巳さんによると、自ら牧野家に出向くことにしていた池長は急な来神に驚いたらしい。

そして4日後、今度は池長が上京して、牧野の債権者と会って交渉。同30日には、はや朝日新聞記者、長谷川如是閑《にょぜかん》の神戸の自宅で援助の正式契約を結んだ。

契約は以下のようなものだった。

牧野と池長孟（高知県立牧野植物園所蔵）

・10万点の植物標本を3万円で買い取り、それを牧野富太郎に寄贈する
・牧野家へ月々若干の援助をする
・会下山《えげやま》の正元館に標本を保管し、新たに植物研究所を設立する
・毎月1回は神戸に行って研究する

会下山の正元館とは、小学校の講堂を移築した建物で、池長の父が所有していた。ここを植物研究所にすることにした。契約には買い取った標本を寄贈するという項目もあるが、牧野もさすがにそこまでは、と思ったのだろう。それは固辞した。

〈池長植物研究所の名も実は牧野植物研究所とすべきであったが、私は池長氏に感謝の実意を捧《ささ》ぐるためにその研究所に池長の姓を冠したのでした〉(自叙伝)

こうして、牧野の借金問題は解決をみた。

◆◆◆

ところで、当時の3万円は、どれぐらいの価値を持つのか。白岩さんは「米価や当時の経済状況から推測して、おそらく1億円ぐらいではないか」とする。

牧野は晩年に書いた「自叙伝」で振り返っている。

〈新聞社で相談をしてくれた結果、この池長氏の好意を受ける事になって、池長氏は私のために二万円だか三万円だかを投出《なげだ》して私の危急を救うて下された。永い間のことであり私の借金もこんな大金になっていたのである〉

「大金」だという認識はあるものの、「二万円だか三万円だか」という牧野の表現には驚いてしまう。その差額は大変なものだ。おおざっぱな書き方にすぎなかったのかもしれないが、牧野の金銭感覚に触れるような感じがする。

◆◆◆

会下山に向かった。

牧野公園からの眺望

神戸市建設局中部建設事務所の公園担当課長、坂田正史さん（60）の案内で「会下山《えげやま》公園」に向かっていた。

「この辺りは新しい家も目立つでしょう。ずいぶん火災の被害を受けたんですよ」

阪神大震災から18年が過ぎていた。車窓を流れる新興住宅街の平凡な景色にも、復興に至る特異な歳月を感じる。

「事務所には牧野日本植物図鑑もあって、よく参照させてもらってます」。坂田さんは車を運転しながら言った。

会下山は、三宮がある中央区と長田区にはさまれた兵庫区にある。その小高い山にある公園からは、神戸の市街地を一望することができる。会下山公園の入り口に会下山小公園と呼ばれる所がある。かつて、ここに牧野富太郎の30万点におよぶ標本を保管することになった「池長植物研究所」があった。

◆◆◆

牧野は神戸を愛した。

そのハイカラな街は、山と海に近い。六甲の山々は植物の宝庫であり、海岸沿いでは兵庫県花ともなる「ノジギク」の群生を牧野が発見し、命名もした。自分の標本を買い取り、植物研究所を設立しようという池長孟《はじめ》という大学生にも出会った。牧野講師のファンとなる人も多かった。神戸で高級旅館を営む主人も牧野を歓待し、牧野がやって来るたび最上等の部屋に泊めて、大好物であった神戸の最高の牛肉をふるまった。

◆◆◆

「池長植物研究所」跡の碑が残されている公園に私は立った。眺望が開け、神戸の市街地が見渡せる。牧野も眺めた風景だろう。

牧野公園と呼ばれて親しまれている「会下山小公園」（神戸市兵庫区会下山町２丁目）

研究所設置の話が持ち上がった時、牧野は50歳半ばになっていた。東大の助手から講師に格上げはされたものの、月給は安く、主任教授からの圧迫も受け続けていた。東京は植物研究の本拠地であったが、神戸で過ごした日々は、そうした息苦しさから放たれたひとときだったろう。30歳のころから苦しめられていた借金問題も決着をみたのだ。

◆◆◆

会下山小公園は、地元の人たちに「牧野公園」と呼ばれ、親しまれている。住宅街から公園までの登り道は「牧野坂」という愛称も付けられた。

公園は1974年に設置され、1990年に牧野を顕彰する碑も園内に立った。碑の周りには、キンモクセイやスエコザサ、ノジギク、ツワブキなど牧野ゆかりの植物が植えられている。1995年の阪神大震災の翌年には、「神戸の緑と心の復興に少しでも役立てよう」との願いも込め、研究所をイメージしたバーゴラ（植物を絡ませる格子状の棚）も新設されている。

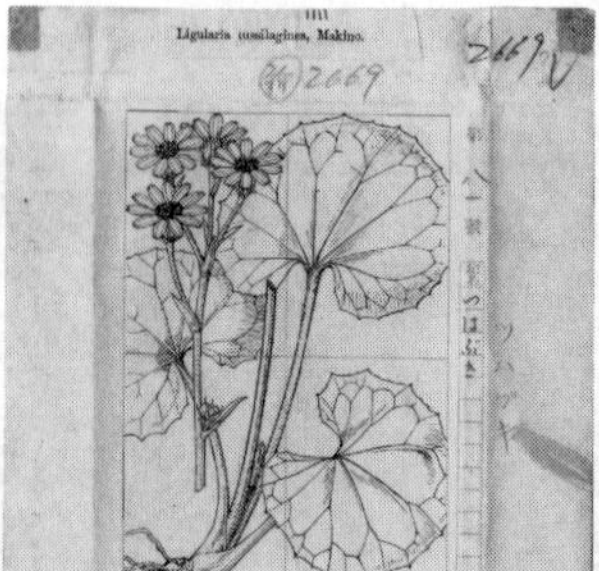

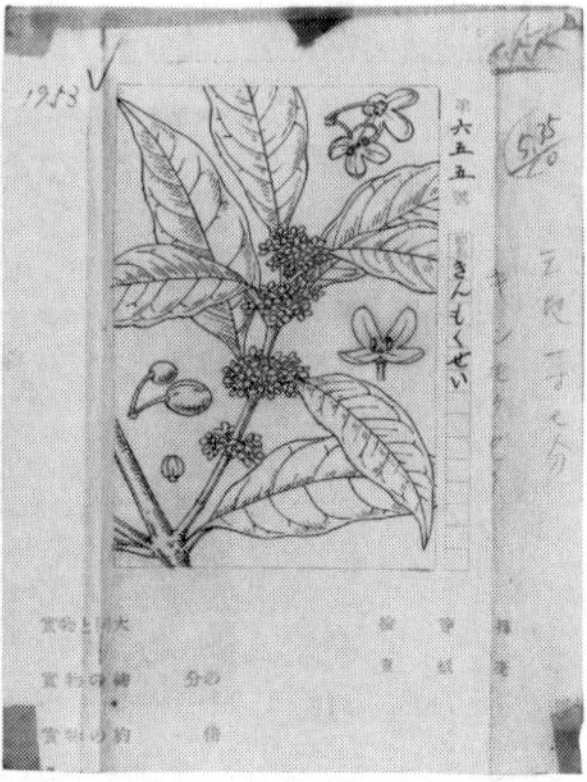

牧野日本植物図鑑〈1940〉のツワブキ（左）とキンモクセイ（右）の原図

牧野公園の直下に、久保田浩一（76）さんと行子さん（75）夫妻の自宅がある。以前の自治会長が高知県出身だったこともあり、牧野に関心を持ち、牧野公園の手入れなどに夫妻で尽力している。2012年11月に神戸市兵庫区の公会堂で開かれた生誕150年を記念するシンポジウム開催にも協力した。

「あんなに偉い人のそばに住ませてもらってるんやから、なんかしなきゃいけないでしょう」

行子さんは言うのだった。

蜜月から池長問題へ

池長孟《はじめ》の結婚式が行われた。牧野の植物標本を買い取ってから1年余りのころである。この結婚について、新妻の兄の言葉が残っている。牧野の標本を買い取ったことが、どういうことであったか。それがよく分かるものだ。

〈この不運な世界的植物学者と大学生につながる美しい物語を聞くに及び、私は当初から少なからず感激したのだった。打たれた。これからの日本はこういう人物を最も要求している。富豪として、真に金の使い方を間違えない人物である（中略）そして、矢も盾もたまらず、既に破談になりかかった妹との縁談を、私自ら、両親、親戚を説き伏せ、遂《つい》に結婚せしめることに成功したのであった〉（白岩卓巳「牧野富太郎と神戸」より）

しかしながら、牧野と池長の「美しい物語」は長く続かなかった。

1916（大正5）年12月に2人の契約が成立。「池長植物研究所」の設立に向けて動きだし、1918年10月から11月にかけて開所式が行われた。兵庫県知事や神戸市の幹部も出席した。このように表面的には順調だったが、研究所の内実は「開所」されただけのものだった。写真にあるように、牧野の膨大な植物標本は、ただ置かれているだけの状況である。これらが例えば絵画であるならば、作品を整理分類し、展示に工夫を凝らせば、美術館の体裁は一応整うだろう。

しかし、植物標本の多くは新聞紙にくるまれているだけの、いわば未完成の作品であった。これが30万点もあるのだ。まずはそれらの整理分類から取り掛からねばならない。一体どれだけの労力と時間がかかるのか。

池長植物研究所に運び込まれた30万点の標本。奥に牧野が座っている（1921年ごろ、高知県立牧野植物園所蔵）

池長は、標本が建物に運び込まれ、その光景を見て初めて実感したのではないだろうか。これは大変なことになった、と。

◈◈◈

白岩さんは著書で、こんなふうに分析している。

研究所の開所式直前、池長は志願兵になるための徴兵検査を受けている。

〈池長は植物研究所づくりに専心しないでどうしてこの時期に軍隊に入営しようとしたのでしょうか。謎となっている部分です。想像の域を出ませんが、開所式を迎える寸前になって、どうも池長の理想に近い池長植物研究所になりそうにない、将来の運営がうまくいかないのではないかという危惧の念を抱きはじめていたのではないでしょうか〉(同)

加えて、こんな噂も広がっていた。

〈池長の出した援助金三万円が一部遊びに使われたのではないか、というものです。池長の母しまは、牧野の愚行を責めました。池長家の養子であった孟は窮地に立たされていたのです〉(同)

開所式の直前、1918年10月29日の牧野の日記には、池長側から「池長家の別邸に滞在しないで、宿屋に泊まること。池長氏宅の女中を使わないこと。標本台紙を買うこと」を求められたと記されている。

牧野と「池長家」の関係は、契約を結んでから研究所の開所を迎える2年ほどの間に、悪化するばかりだった。このままでは研究の拠点となり、一般に公開できる植物研究所とはならない。やむなく池長は、ある決断をした。

牧野は怒った。

破綻した「美しい物語」

「池長植物研究所」に牧野の標本が運び込まれて3年。池長孟《はじめ》はその膨大な標本を京都大学へ寄贈したい、分類整理は京大のスタッフの手に委ねたい、と提案した。

標本整理が池長の思うようには進まなかったことが大きな背景としてある。

研究所の設立に際し、いったん買い取った標本を牧野にそのままに寄贈する—という池長の申し出を牧野は遠慮し、「池長植物研究所」と、その名を冠した場で標本を管理していくことを約束した。そして、研究所で標本の整理作業も少しは行っていたようだ。

しかし、牧野は神戸に来ると、牧野ファンたちと交遊し、講演や植物採集にも度々出掛けた。地道な作業であった標本整理は一向に進まなかった。

さまざまな人の助言も得て買い取った標本をやはり手放す。そんな池長の提案に牧野は強く反対した。池長は1919(大正8)年7月5日の日記に、こう書き残している。

〈牧野先生は非常に憤慨しておられ、京都大学へ標本を寄贈すると聞いたが、自分と標本とを引き離すとはけしからぬと言われる〉

このような経緯からすれば、どうも理は池長の方にあるように思える。牧野の身勝手さのようなものも浮き上がり、池長に同情すべき状況もある。

白岩卓巳さんの著書「牧野富太郎と神戸」は、〈池長の日記の巻末には池長の最初で最後ともいえる牧野への批判めいた本音が書かれています〉と、次のような池長の日記を引用している。

〈学者を裸にすれば、学者ほど物の分からぬものはない。ふだん大きな顔をしている学者ほど融通のきかぬものはなし。（中略）理屈をいえども学者ほど心卑劣なものはない。表で奇麗な事はいえども学者ほど心の小さなものはなし。ふだん大きな事はいえども目先のきかぬものはなし。（中略）学者ほど泥棒をするものはなし〉

池長植物研究所跡にある牧野富太郎の顕彰碑（神戸市兵庫区会下山町２丁目）

学者を裸にすれば…ということの文章は、もともと牧野自身が学者を揶揄して書いたものである。池長は牧野の言を引いて、日記に書き付けたのだった。これまでの不満が一気に噴き出したようなこの日記を書いて間もなくの1922年、池長はこの問題から逃避するように欧米旅行に出発した。

各国の主要な美術館を巡り、この時の経験から、池長は「美術」に強く引かれていくことになる。池長から見れば「植物標本」という、やっかいなものより、美術品の方に扱いやすさも感じたのだろう。その作品収集に関心を移していく。

◆◆◆

「自分と標本を引き離すとはけしからぬ」

そう怒る牧野の気持ちも分かる。書籍や家財道具を手放すのとは次元の違うことである。日本中の野山を歩いて収集した貴重な植物標本なのだ。

結局、京大への標本寄贈の話は立ち消えになった。

しかし、そんなふうにして牧野と池長の関係は疎遠になる。研究所の開所当初は足しげく東京と神戸を行き来していた牧野だが、そうしたこともなくなっていった。

世界的植物学者の窮状を救おうとした大学生の篤志による「美しい物語」は、破綻した。

そして、華々しく設立された池長植物研究所は、牧野の膨大な植物標本をただ保管するだけの、「倉庫」のような場所となってしまった。

時が解決した「池長問題」

「池長問題」を解決したのは、結局のところ歳月であったのかもしれない。もう海外で植物標本を売るしかない、というところまで追い詰められた牧野。それを救おうとした資産家の大学生だった池長孟《はじめ》。牧野の膨大な標本を核にして設立した「池長植物研究所」は、未整理の標本の束を積み上げた保管庫となっていた。

◈◈◈

神戸の池長研究所から、東京に住む牧野に標本が返却されたのは、米英との戦争に突入する直前、1941（昭和16）年8月のことだった。池長が標本を買い取ったのは大正時代の1916年であったから、四半世紀という時間を要したことになる。

標本が戻された時、池長は50歳になっていた。

さまざまなことがあった。標本整理をめぐって牧野との関係は悪化した。牧野に支援したこともきっかけとなった結婚も、妻と死別した。映画評論家の淀川長治の姉、淀川富子と再婚し、豪勢な家を建てて暮らすが、これもすぐに破局を迎える。池長は美術に心血を注ぎ、作品収集にのめり込んでいく。1枚の絵を買うのに、1軒の別荘を売ることもあった。収集した一級の美術品は7千点にもおよび、神戸市に「私立池長美術館」を開設するまでに至った。

とりわけ彼を魅了したのは「南蛮美術」だった。日本人による西洋風絵画などを指し、それらの作品を体系的に集めた。終戦後、池長コレクションは神戸市に譲渡され、神戸市立南蛮美術館が設立された。現在は神戸市立博物館の重要なコレクションとなっている。

標本の返却を決断したのは、その「池長美術館」がオープンしてから、間もなくのことであった。

牧野は79歳になっていた。東大の講師は2年前に辞任していたが、活動はまだまだ旺盛で、旧満州（中国東北部）にサクラの調査に出掛け、帰国したばかりのころだった。

池長は牧野に手紙を書いた。〈学者ほど心卑劣なものはない〉とまで日記に書き付けた池長であっただけに、この文面は心を打つ。


〈先日は失礼しました。久しぶりにお元気なお姿に接し嬉《うれ》しく思いました。満州のお土産の整理も中々のことと思います。あの節お話の植物標本等至急東京の方へお送りしたいと思います。〉（白岩卓巳「牧野富太郎と神戸」）

池長植物研究所の標本を背にして写真に納まる牧野ら。牧野の隣に池長孟（前列右から３人目）が座る。荷造りのために牧野はステテコ姿（1941年、高知県立牧野植物園所蔵）

そして池長は返却に当たって、覚書を交わしたい、とした。その覚書とは、こんなふうなものだった。標本は2人の共有物として、処分や寄贈には両者の同意を必要とする。もし、牧野を中心とする確実な植物研究団体ができれば、標本はそこに寄贈する——。

◆◆◆

「池長植物研究所」とは一体、何だったのか。

研究に金を惜しむ者は、植物学者になれない。牧野はそんなふうな意味のことを若いころからの信条として書き残している。しかし、裕福だった実家の援助はなくなり、大学の給料も安かった。研究のための借金は増える一方だった。

もし池長の援助がなければ、その後の研究活動は大きく停滞していたかもしれない。日本の植物分類学の礎となる牧野の貴重な植物標本も、海外に売られていたかもしれない。研究所はそれらを防いだ。

池長本人はどうか。大金を出して植物標本を買い、そうしたものを持つことの難しさを学び、またその重みも知った。その体験は後に美術品分野における「池長コレクション」につながる。研究所は、池長の人生も大きく変え、後に収集される多くの美術品の運命にも作用した。

まあ恋女房ですネ

〈まあ恋女房という格ですネ。〉

牧野富太郎は、妻・寿衛《すえ》のことを「自叙伝」でそんなふうに書いている。純粋な恋愛による結婚だったから「恋女房」というわけだが、「まあ」という言葉を加えるのは、照れくさいからだろう。そしてさらに、末尾にカタカナで「ネ」と付けるところが、またいいではないか。

しかし実は、この「まあ恋女房ですネ」という表現の中に、2人の間にあった、ある事情も隠されているように感じる。本章「仙台」は、そのことも読み解いていきたい。

◆◆◆

どうやら、一目惚《ぼ》れ、のようだった。

明治中期、牧野は20代半ばだった。東京大学理学部の植物学教室への出入りが許され、麹町にあった下宿から大学へ通っていた。牧野は造り酒屋の一人息子だったが、お酒よりも甘い物が好きで、よく買い求めていた。

〈彼が毎日通る今川小路に小さなお菓子屋があった。ある日通りがかりにその菓子屋に立ち寄った彼は、そこで驚くべき発見をした〉

故上村登《みのる》さん（元高知学園短期大学学長）は「花と恋して―牧野富太郎伝」でそう書き、以下、こう続けている。

〈といってもそれは植物ではなかった。店頭に座った品のよい美しい娘であった。珍しい植物には動じない彼も、なぜかひどくあわてて、買い物のお菓子もそこそこに店を飛び出した〉

これと別に、大原富枝さんの遺作となった「草を褥《しとね》に　小説牧野富太郎」は、主に妻・寿衛《すえ》の視点から牧野を描いたものである。それによれば、2人の出会いはこんなシーンとなる。

〈もう長い間、その若い男は、毎日のように店の前の道を同じ時刻に、人力車に乗って大学の方へ通ってゆき、夕方はまた帰ってゆくのを見て知っていた。よく俥《くるま》の上から店の中を覗《のぞ》くように見てゆく。甘いものが好きなのか知ら、わたしを見ているのか知ら、と寿衛子《すえ》は気になっていたのだ〉

寿衛《すえ》は確信していた。男は必ず店の中に入ってくる、と。

〈その日、店の入口に掛けてある短い紺暖簾《のれん》がそっと分けられて、「ごめん」という遠慮勝《がち》な若い男の声がしたとき、店との境の長暖簾のすき間から往来の方を覗いていた寿衛《すえ》子は、あっ、来たっ！　と心の中で小さく叫び、「いらっしゃいませ」と、しとやかな物腰で店の土間に出て行った〉

牧野自身は「自叙伝」でこうつづる。

〈青年のころ私は本郷の大学へ行く時その店の前を始終通りながらその娘を見染め、そこで人を介して遂《つい》に嫁に貰《もら》ったわけです〉

ところで、「寿衛《すえ》子」と「寿衛《すえ》」が混在しているが、「寿衛《すえ》子」は通称。戸籍にある名は「寿衛《すえ》」となっているから、本書ではこちらを原則使う。

◆◆◆

寿衛《すえ》とは、どういう出自の女性だったのか。

1873（明治6）年、東京・飯田橋に生まれた。

父は彦根藩主だった井伊家の家臣で、小沢一政という

寿衛の肖像写真（高知県立牧野植物園所蔵）

人物だった。明治になってから上京し、陸軍の営繕部に勤務した。飯田橋に大きな邸宅があり、寿衛《すえ》はそこで育った。京都出身の母は、寿衛《すえ》に踊りや唄を習わせたという。しかし、父親が亡くなってからは、一家は困窮する。邸宅も売り、財産も底をついた。そうした事情から始めた商売が、この小さな菓子屋であった。

◆◆◆

そうして牧野は度々、菓子屋を訪れるようになる。互いに好意を抱いている2人は、話も交わすようになった。

しかし、この恋愛には、大きな壁もあった。

恋する2人の「壁」

東京の小さな菓子屋で、親しく話を交わすようになった2人は、互いの好意を確かめ合った。しかし、恋する2人の間には障壁があった。

牧野には、故郷の佐川に残している「妻」というべき存在の女性がいた。

その「妻」の名前は、猶《なお》という。牧野とは親戚関係で、幼いころから親しくしていた。牧野よりは年下であったらしい。牧野は3歳で父、5歳で母を亡くした。父母に代わって一人息子の牧野を育てたのは、祖母の浪子だった。造り酒屋を営む生家の「岸屋」を継ぐのは、いわば牧野の宿命であり、それを浪子も強く願った。しかし牧野は、それにあらがって植物学者を目指す。

猶《なお》といつ結婚したのか詳しい記録はないが、19歳で博覧会の見学と研究者との出会いを求めて初めて上京し、それから帰郷した20歳前後のことだったようだ。結婚は牧野の妥協の産物であった。祖母の勧める通りに猶《なお》と結婚するから、東京で植物学を学ぶことを許してほしい、と。

師範学校でしっかりとした教育も受けた猶《なお》は、岸屋の仕事も手伝っていたという。牧野と猶《なお》の結婚は、祖母ばかりでなく、周囲もそうなるものと考えていた。牧野自身は、この最初の結婚と妻について、口を閉ざしている。「自叙伝」にも記述はない。

大原富枝著「草を褥《しとね》に　小説牧野富太郎」からの引用である。

「岸屋」の再現模型（高知県佐川町の佐川地場産センター、同町の栗田真二さん制作）

〈富太郎は念願の東京行を果して来た。思いの丈のことはすべて果して来た。ここらで岸屋の後嗣《あとつぎ》という責任も果たすべきである、と浪子が考えたのも当然であった。憧れの東京行という大きな希望のかげに隠れて明《あか》らさまに見えなかった結婚が、いま正面切って彼の前に立っていた。それは唯《ただ》一つの祖母への恩返しの孝行だ、えいっ！　と富太郎は初めから浮立つ思いの何一つな

かったこの縁談に思い切りをつけた〉

1887（明治20）年、祖母の浪子が亡くなった。

牧野は25歳で、日本初の植物学会誌である「植物学雑誌」を企画、出版するなど、目覚ましい活躍を始めたころだった。そして私生活でも寿衛《すえ》と出会って、恋に落ちた。どうやら猶《なお》との結婚は、牧野にとって心浮き立つものではなかった。大原の小説は、その辺りのことをこんなふうに書いている。

〈多分祖母にもよく仕え、世間ともうまく事を処してゆくだろう。唯一つ、彼女が結婚の相手として、男の心をときめかせるもののない娘であることは、富太郎にとって不幸であった〉

育ての親でもあった祖母・浪子の死を、牧野は悲しんだであろう。しかし祖母の死によって、牧野の「重し」となっていたものが、外れた。祖母の死の翌年、牧野は東京の根岸に寿衛《すえ》との所帯を構える。それまでは東京と佐川を度々往復するという生活だったが、ここから東京に定住することになる。

◆◆◆

祖母の死から4年後の1891年、牧野は帰郷した。岸屋の財産整理が目的だった。このころ、その経営は立ち行かなくなっていた。牧野は猶《なお》に宛てた手紙で送金を頼むが、それができなくなっていた。財産整理をするために帰郷を懇願する猶《なお》の手紙も残っている。

猶《なお》との関係はどうなったか。牧野は岸屋の番頭だった井上和之助と猶《なお》を結婚させて、この夫婦に岸屋を与えることにしたという（元淑徳短期大学教授、渋谷章著「牧野富太郎」より）。

この辺りの事情も、牧野自身は書き残していない。前章「神戸」でも紹介したが、財産整理のために帰郷しながら、一方で西洋音楽の演奏会を開くなどして〈明治二十五年は高知で音楽のために狂奔しているうちに夢のように過ぎてしまった〉と自叙伝につづるのだ。

これも牧野のチャーミングなところ、とは当時の猶《なお》さん、寿衛《すえ》さんの気持ちをくみ取れば、言えないのだが…。

愛の巣と苦悩と

牧野が東京・根岸で寿衛《すえ》との生活を始めたのは1888（明治21）年のこと。牧野26歳、寿衛《すえ》は15歳ごろだった。このころ牧野は、大学に通いながら石版印刷屋で働いていた。

〈私は当時大学で研究してはいたが何も大学へ就職しようとは思っていず、一年か二年この東京の大学で勉強したらすぐまた土佐へ帰って独力で植物の研究に従事しようと思っており、自分で植物図譜を作る必要上この印刷屋で石版刷の稽古をしていた時だったので、これを幸いと早速その主人に仲人をたのんだのです〉（自叙伝）

寿衛《すえ》との結婚の仲介をアルバイト先の主人に頼んだのだった。一応このように仲人という存在はあったようだが、それは結婚というよりも、同棲《どうせい》生活といったふうであった。牧野は、大学の主任教授だった松村任三から勧められた縁談を断ったというようなこともあった。どういう縁談だったのかは分からないが、そのことによっても松村との関係が悪化したという。さらに、故郷には牧野の「妻」として、実家の切り盛りをしている猶《なお》がいたのだった。

若き日の牧野と寿衛（高知県立牧野植物園所蔵）

そうしたさまざまな事情から、2人の門出を広く祝う結婚式というようなものは行うことができなかったようである。

しかし牧野は、純粋な恋愛によって結ばれた寿衛《すえ》との同棲を始めた。時代は明治である。これはなかなかに型破りなことではなかったか。形式や打算や慣習にとらわれず、自分の思いを貫徹していく。そんな牧野の姿をここにもみる。

〈同郷出身の若藤宗則という人の家の二階を間借していたのだが、こうして恋女房を得たのだか

ら早速そこを引き揚げて根岸の御院殿跡にあった村岡という人の離れ屋を借り、ここで夫婦差し向かいの愛の巣を営んだ〉（同）

恋愛は成就したが、生活は当初から困難を極めた。

すぐに子どもが生まれ、自費出版した「日本植物志図篇《ずへん》」の費用もかさんだ。大学からの給料はなく、実家の財産もこのころには底をついていた。牧野は実家にいる猶《なお》に宛てて、送金を願う手紙や電信を何度も送った。猶《なお》の以下のような内容の手紙が残っている。

「何度も手紙に書いているように、家にはお金がなくなった。ついては家の財産を整理したいが、私の一存ではできない。早く帰郷されて、金策を考えてください」

東京で新たな伴侶を得ながら、故郷の妻に金を無心する。猶《なお》はどのような心持ちだったのだろう。

大原富枝は「草を褥《しとね》に　小説牧野富太郎」の中で、猶《なお》の手紙を引用しながら、〈もう夫婦という真情溢《あふ》れたものではなく、親族としての儀礼に尽きている文面である〉としている。

◆◆◆

牧野は寿衛《すえ》について、さまざまなことを語っている。しかし猶《なお》には、何も書き残していない。結婚し、自分の代役として岸屋の経営に当たらせながら、ほとんど一緒に暮らすこともない。ただ送金を願い、別の女と暮らす。牧野は牧野なりに、そうしたことへの後ろめたさとともに、猶《なお》を不憫《ふびん》に感じる深い思いがあったのではないか。

その不憫の念は生涯を通じて消えることなく、あの率直な牧野を沈黙させてしまった。そのように思えてならない。

寿衛《すえ》のビジネス

若い2人の「愛の巣」に足りなかったものは、やはりお金であった。

ちょうど牧野富太郎と寿衛《すえ》が一緒に暮らし始めるころ、裕福な商家であった故郷佐川の実家の没落も始まった。それまでは牧野の求めに応じて送金が行われ、それが植物研究と生活を支えていたのだ。

無給のフリー研究者という状態は約7年も続き、東京帝国大学理科大学の助手という待遇を得るのは、ようやく牧野が31歳になったころである。それでも給料は15円という安さで、植物誌の自費出版を続け、さらに2人の間に子どもが次々生まれた。家庭は窮乏して、高利貸に頼った。

牧野の「自叙伝」からの追想である。

〈いつだったか寿衛子《すえ》が何人目かのお産をしてまだ三日目なのにもう起きて遠い路を歩き債権者に断わりに行ってくれたことなどは、その後何度思い出しても私はその度に感謝の念で胸がいっぱいになり、涙さえ出て来て困ることがあります〉

老境にある牧野は、涙が出るほど感謝している、と書く。しかし、富太郎という男の妙は、次に続く述懐にある。

〈実際そんな時でさえ私は奥の部屋でただ好きな植物の標本いじりをやっていることの出来たのは、全く妻の賜《たまもの》であったのです〉

寿衛《すえ》が20歳前後のことだろう。出産直後の若妻に借金取りの応対を任せ、奥の部屋で標本いじりに没頭している牧野がいるのだ。

笑ってもしまうが、あんまりのことである。

しかし、どうだろう。もし牧野が債権者と交渉し、自らの生活を常識的なものにしていったなら、日本で最も偉大な植物分類学者が生まれていただろうか。

新婚当初から、寿衛《すえ》の金策苦労は尽きない。前章「神戸」にも書いたように、寿衛《すえ》の借金取りのあしらいは洗練さを増す。相手の言い分をよく聞いた後に、牧野の植物研究の意義を説き、借金取りの方が「まことにこれは相済みません」と帰っていくようにまでなったというのだ。

◆◆◆

しかし、借金が減るわけではない。

寿衛と子どもたち（高知県立牧野植物園所蔵）

牧野30代から40代の壮年期は、北は北海道の利尻島から、南は鹿児島の奄美や屋久島まで、全国各地で植物採集を続ける日々だった。各地で謝礼も受け取りながらのものであったが、やはり費用はかさんだ。

ついに寿衛《すえ》は決断した。私がビジネスを始めるしかない、と。

明治維新後、「待合《まちあい》」という店が流行していった。政府の要人や企業人らが利用し、芸妓を呼んでの宴席、そして密談の場所となった。現在の高級料亭に近いものだろう。

寿衛《すえ》は「待合《まちあい》」を始めた。

〈これは私たちとしては随分思い切ったことであり、私が世間へ公表するのはこれがはじめてですが、妻ははじめたった三円の資金しかなかったに拘《かかわ》らずこれでもって渋谷の荒木山に小さな一軒の家を借り、実家の別姓をとって〝いまむら〟という待合《まちあい》をはじめたのです〉（自叙伝）

寿衛《すえ》の才覚は、ここでも生かされた。

〈これがうまく流行《はや》って土地で二流ぐらいまでのところまで行き、これでしばらく生活の方もややホッとして来た〉（同）

やがて「待合《まちあい》」経営は周囲に知れ渡る。

〈「大学の先生のくせに待合《まちあい》をやるとは怪《け》しからん」などと私はさんざん大学方面で悪口をいわれたものでした〉（同）

苦労と幸福の日々

牧野の妻、寿衛《すえ》が営み始めた「待合《まちあい》」に対し、東大の先生が水商売をやるのはけしからぬ、という声も上がっていた。

「やましいものは何もない」と牧野は言い返した。

〈金に困ったことのない人たちは直《すぐ》にもそんなことをいって他人の行動にケチをつけたがるが、私たちは何としてでも金を得て行かなければ生活がやってゆけなく全く生命の問題であったのです。しかもこの場合は妻が独力で私たちの生活のために待合《まちあい》を営業したのであって、私たち家族とはむろん別居しているのであり、大学その他へこの点で、何等迷惑をかけたことは毫《ごう》もなかったといってよいのです〉（自叙伝）

「金に困ったことがない人たち」というのは、大学の教授たちに向けられた言葉であろう。このころの牧野は大学講師という低い待遇に甘んじながらも、全国各地を飛び回って植物の採集、研究をしていた。日本の植物を全て明らかにして分類する、という大望があった。そのためには金も必要だった。安定した高給も得ている大学教授たちは、一体何をしているのか。そんな怒りも込められている。

◆◆◆

結局、この「待合《まちあい》」は長くは続かなかった。当初は利益を上げたものの、〈終わりにはとうとう悪いお客がついたため貸倒れになって遂《つい》に店を閉じてしまいました〉と自叙伝にある。店は人手に渡る。

そして寿衛《すえ》は生涯、貧乏に苦しんだ。

しかし、それは不幸を意味するものではなかった。牧野の次女、鶴代さんの回想が牧野の自叙伝の付録にある。

〈しかしどんな苦しいことがありましても、どんな貧乏暮らしの中にありましても、常におもしろい事をいって、みんなを笑わせるのです。もともと父は、ユーモラスな性格の人なのです〉

借家の書斎にいる牧野富太郎（大正初年ごろ、高知県立牧野植物園所蔵）

〈家庭のことは一切無頓着ですけれども、非常に子ぼんのうなのです。やたらに、抱いたりしませんでしたが、非常に子どもはかわいがるのです。（中略）子供が病気だなどというときの、父の真剣な顔は、今でも忘れられません。私たちの兄弟姉妹は、今では大分亡くなりまして、六人になりましたが、私たちが育つ子どもの頃は、十人以上おりましたから、とにかくそれはそれは、にぎやかでした〉

家庭の食卓もにぎやかだった。

〈御飯の時などは大へんでございます。一番小さいのから食べはじめまして、大きいのがしまうまで、まるで戦争のようなさわぎでした〉

牧野の大好物は「すき焼き」だったという。神戸の「池長植物研究所」に足繁く行っていたころも、当地の旅館で最高級の牛肉を使った「すき焼き」でしばしばもてなされている。貧乏に苦しめられていたころはそうそう食べられなかっただろうが、経済的な余裕も少し出てきた晩年は、しばしば「すき焼き」を楽しんだ。鶴代さんは、父が94歳まで長生きをした秘訣《ひけつ》は牛肉を食していたからでは、と回想している。

〈それからトマトです。これはまだ日本人がこんなに食べない頃、今から四十年も五十年も前から、

沢山いただきました。それに西洋酢をかけまして、よくすき焼のあとで食べておりました〉

そして、牧野はコーヒーと紅茶も愛した。コーヒーは豆を自分で煎《い》ってドリップをするという本格派。これはどんな貧乏な時でも欠かさぬ手順であったというから、ぜいたくな楽しみは捨て切れなかったようだ。寿衛《すえ》は「まるで道楽息子を一人抱えているよう」と言いながら、そうした夫のふるまいを大きく包み込んでいた。

◆◆◆

貧乏に明暗を言っていいのか分からないが、牧野夫婦のそれは実に明るい貧乏であった、と言えるのかもしれない。

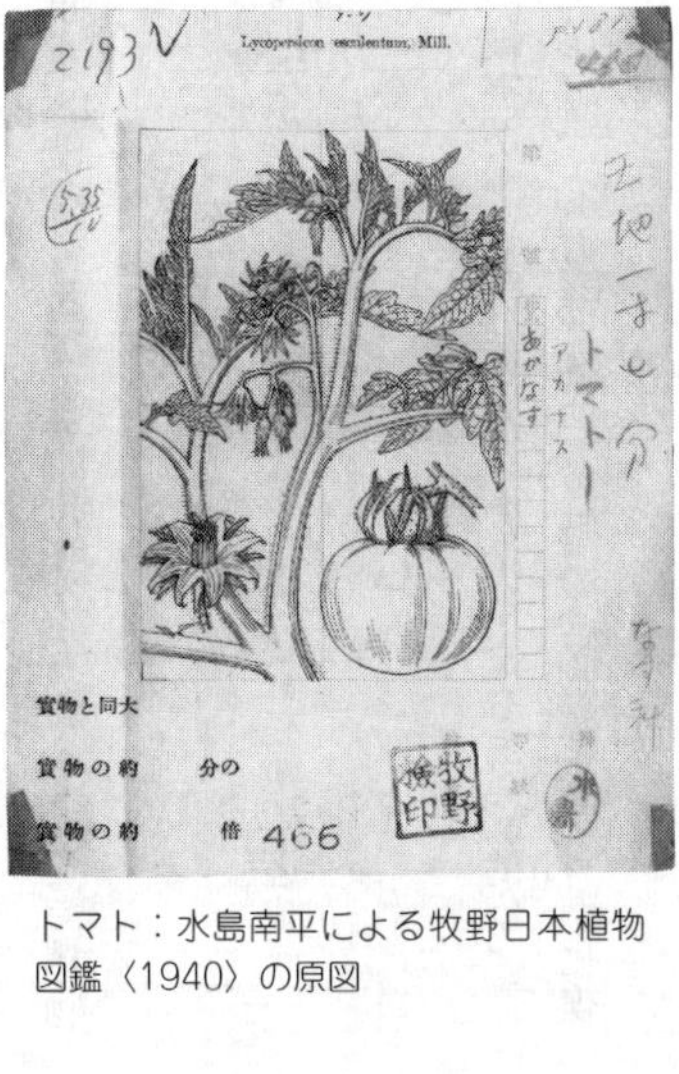

トマト：水島南平による牧野日本植物図鑑〈1940〉の原図

学位とマイホーム

家賃が払えなくなり、家主から借家を追い立てられる。その繰り返しだった。

牧野と寿衛《すえ》の引っ越しは、およそ30回にも及ぶ。東京の根岸に所帯を構えてから、標本と書籍はどんどん増え続け、子ども次々生まれた。そのため、どうしても大きな家が必要だった。

〈家計の方面では何時も不如意《ふにょい》勝ちで、長年の間妻に一枚の好い着物をつくってやるでなく、芝居のような女の好く娯楽は勿論《もちろん》何一つ与えてやったこともないくらいであったのですが、この間妻はいやな顔一つせず、一言も不平をいわず、自分は古いつぎだらけの着物を着ながら、逆に私たちの面倒を、陰になり日向《ひなた》になって見ていてくれ、貞淑に私に仕えていたのです〉（自叙伝）

1923（大正12）年9月1日、正午直前のことであった。相模湾を震源とするマグニチュード7.9の大地震が発生した。関東大震災である。61歳の牧野は東京・渋谷の自宅書斎にいて、さるまた姿で植物標本を見ていた。

〈元来天変地異というものに非常な興味を持っていたので、私はこれに驚くよりも心ゆく迄《まで》味わったといった方がよい〉（同）

科学者らしい態度と言えるのだろうが、自宅や近辺の被害が小さかったからの余裕でもあっただろう。日本の植物分類学もある面、救われた部分がある。その当時、30万点に及ぶ牧野の植物標本が神戸に保管されていたが、自宅の書斎にも貴重な植物標本は山積みだった。

地震の被害は甚大だった。死者・行方不明はおよそ14万人に上った。寿衛《すえ》は心配した。東京の中心地は危ない。植物標本や書籍を守るためにも郊外へ引っ越そう、と。

◆◆◆

ようやく借家暮らしを終える時が来た。マイホーム、と呼べるものを手に入れたのは牧野64歳の時であった。前章「神戸」に書いたように、資産家の池長孟《はじめ》の援助で借金問題にも一応の片がついて間もなくのことである。関東大震災の3年後の1926（大正15）年、現在の東京都練馬区東大泉に家を建てた。場所選びやらなにやら、およそ一切は寿衛《すえ》が進めた。

◆◆◆

東大泉に居を構えた翌年に牧野は理学博士の学位を得た。学問上の呼称で言えば、65歳にしての「牧野博士」の誕生だった。しかし、牧野は言う。こんな称号は、つまらないものだと。

〈私は従来学者に称号などは全く必要がない、学者には学問だけが必要なので

練馬・東大泉の自宅前に立つ牧野（1929年ごろ、高知県立牧野植物園所蔵）

あって、裸一貫で、名も一般に通じ、仕事も認められれば立派な学者である。学位の有無などは問題でない、と思っている〉（同）

アカデミズム、というものを牧野は憎んだ。そういう気持ちが強く表れている文である。博士号の取得には、そのための論文提出が必要だったが、これを「意地を張って断ってきた」という。しかし、周囲の要請を断り切れなくなって、やむなく出すことになった。

〈私は、この肩書で世の中に大きな顔をしようなどとは少しも考えていない。（中略）大学へ入ったものだから、学位を押付《おし》けられたりして、すっかり平凡になってしまったことを残念に思っている〉（同）

練馬・東大泉の家は、牧野夫妻にとって、ついのすみかとなるべき新居だった。しかし、もう寿衛《すえ》に残された時間は少なくなっていた。寿衛《すえ》が身体に不調を訴えるようになった。そのころ、牧野は東北、仙台の地でかけがえのない植物と出合う。

ライバル？南方熊楠《みなかたくまぐす》

「マキノトミタロウ？　世界的な植物学者？　聞いたことないですね。南方熊楠《みなかたくまぐす》だったら知ってますけどねえ」

宮城県仙台市で乗ったタクシーの運転手さんが言った。仙台は、牧野富太郎の人生を語るのに欠くことのできない土地だった。話は少し脇道にそれてしまうが、運転手さんが口にした南方熊楠《みなかたくまぐす》（1867～1941年）と牧野の関係を記しておこう。

生物学者であり民俗学者だった熊楠《くまぐす》は和歌山県に生まれた。牧野の5歳年下でほぼ同時代を生きた。2人に共通するのは、博覧強記でありながら、関心ある分野を徹底的に追究していく姿勢だろう。牧野にとっては植物分類学であり、熊楠《くまぐす》にとっては植物的性質と動物的性質を併せ持った変形菌「粘菌」の研究だった。

牧野は、身分こそ助手や講師に甘んじていたが、東大というアカデミズムに属した。熊楠《くまぐす》は組織に属さない在野の研究者を貫いた。共通項がありながらの生き方の違いといったものが、2人にライバル関係のようなものを生んだ。

1924（大正13）年、2人が出会うチャンスがあった。牧野が熊楠《くまぐす》の住んでいる和歌山県田辺市を植物採集のため訪れたのだ。同行者は、熊楠《くまぐす》の家へ案内する、と言った。しかし、牧野は断った。

〈其時《そのとき》の気持ちでは是《これ》は南方《みなかた》の方から出て来て私を迎ふべきものだと思った〉（文芸春秋1942年2月号での牧野の述懐）

さらに牧野は書く。

〈即《すなわ》ち其《そ》れは同君の存在を後世に伝ふべき大作巨篇《きょへん》が一も無かったからで（中略）実は同君は大なる文学者でこそあったが決して大なる植物学者ではなかった〉（同）

妻、寿衛《すえ》の身体の異変が明らかになっていくのは、練馬の東大泉に自宅を構えた翌年（1927年）からのことである。牧野自身の日記やメモなどから、寿衛《すえ》に関する記述を抜粋して意訳する。

1月17日「終日在宅。夜、五木田医師が来る。妻を診察して帰る」
6月18日「妻入院（帝大病院）。大学病院に入院して、磐瀬博士の世話になる」
7月12日「妻、大学病院を退院して帰宅」

◆◆◆

この年、65歳の牧野は多忙を極めている。植物採集や講習会のため、ほとんど東京を留守にした。行き先は、茨城県つくば市、神戸市、栃木県那須町、長野市、大阪府の金剛山、静岡市、秋田県鹿角市、青森県八戸市…。それぞれ滞在は数日におよび、夜も採集した植物の整理に追われた。

65歳の牧野。秋田県蒸湯温泉にて（1927年8月、高知県立牧野植物園所蔵）

94年の生涯において、およそ40万点の植物標本を収集した牧野は全国の野山を精力的に歩いていた。その日常というものは、旅の連続であった。いや、もしかしたら「旅」という感覚はなかったか。日本の植物のある所、それは全て自分の庭である、と。

◆◆◆

この年11月、札幌市でマキシモヴィッチ生誕百年祭が開かれた。牧野はこれに出席した帰途、仙台市に立ち寄った。この地には東大植物学教室での教え子だった岡田要之助がいた。牧野は岡田の家に泊まった。

12月1日の朝は快晴だった。朝7時に起きた牧野は生ガキをたらふく食べてから、岡田らと植物採集に出た。目的は仙台市中心部にほど近い三居沢《さんきょざわ》という場所にあった珍しいササだった。

そのササを見た牧野は、しばらく動かなくなった。

新種のササを発見

〈ササ類は本州、四国、九州、北海道、南千島、樺太、朝鮮半島、中国の一部、東部ヒマラヤ、北米等に見られるが、種類も多く分布の中心となっているのは何といっても日本列島である。日本ではあまりにもあふれているので我々はついうっかり見過ごしがちだが、しかしこんなに美しい雅趣のある植物はあまりなく、ススキと共に日本の植物景観構成の大切な要素の一つである。わが国のササ類の植物学的研究は故牧野富太郎先生から始まるといってよい〉

植物学者の木村有香《ありか》（1900〜1996年）は、ササの魅力についてそう書いている。東北大学にいた木村は、仙台を訪れた牧野の案内役となった。そして見つけたのが、仙台市三居沢《さんきょざわ》にあった新種のササだった。とても特徴的なササだった。ササに詳しくなくてもよく観察すれば、それと分かる個性的なものだ。木村は記す。

〈このササが一見して誰の目にも他のササと著しく異なって見えるのは葉の多くが片側が裏に向かっていくぶん巻くような特性があるからである。（中略）また葉の上面に立った白い長毛が不規則に散生していることも人目をひく。一度見たら忘れられない特徴の数々を具《そな》えている〉

このササを発見し、牧野は喜んだ。牧野にとって関心のない植物など存在しなかったが、とりわけ竹やササには当時関心をはらっていた。

◆◆◆

1927（昭和2）年。65歳の牧野は東京帝国大学で理学博士の学位を得て、全国各地を飛び回り、

牧野が見つけた新種のササ（仙台市太白区の仙台市野草園）

札幌からの帰途の仙台で、新種のササを発見した。充実した1年だった。しかし、その年が暮れるにしたがって、寿衛《すえ》の病は重くなる。牧野は東京帝大の付属病院に寿衛《すえ》を入院させた。病院では手厚い治療がほどこされた、と考えるのが普通であるが、どうもそうではなかったらしい。

大原富枝の小説「草を褥《しとね》に」から、その場面を借りよう。

〈「わたしに頑張れたのも、ここまでだね」。寿衛《すえ》子は一番頼りにして来た娘の鶴代にそう言って淋《さび》しそうに笑った。夫がいまもその理学部の講師として身をおいている東京帝大の付属病院であるにも拘《かかわ》らず、入院費の支払いが停滞すると、看護婦たちは、情容赦もなく病人を敷布にくるんで頭と足もとを持ってさっと床に下ろしてしまうのであった〉

牧野の日記やメモには、寿衛《すえ》はこの年の1月入院して、7月には退院したと記述されている。一時的に病状が回復したのかもしれないが、入院費の問題で退院せざるを得なかった、と考えることもできる。寿衛《すえ》の病気は何だったのか。牧野自身は病名までは記していないが、どうやら子宮がんだったようだ。

◈◈◈

出張先の仙台から牧野が帰宅したのは昭和2年の12月のことである。そして年明けの1月18日、妻を再び大学病院に入院させた、という記述が日記にある。

2月16日。さまざまな仕事をこなした後の牧野の行動記録が残る。

〈大塚（文京区）ニて下車　病院ニ行キ泊ル。〉

寿衛《すえ》の命が尽きようとしていた。

もう眠らせてください

寿衛《すえ》が亡くなった。54歳だった。

およそ40年間、牧野富太郎と暮らした。

〈昭和三年二月二十三日、寒い朝であった。入院中の寿衛《すえ》子はその朝も、入院費の支払いが出来ないので、ベッドを空けるように看護婦に言われた。二人の若い看護婦が頭の方と足の方を敷布につつみ、軽々と持ち上げて、病室の床にじかに下ろしてしまった。そこへ毎朝のように見舞《みまい》に来る家族たちが現れ、これはまた何ということと呆《あき》れているうちに、もう病みやつれていた寿衛《すえ》子に急変が起こった。さすがの看護婦たちも狼狽《ろうばい》して病人をベッドの上に戻し、医師《せんせい》を早く、と騒いでいるところへ、牧野富太郎が駆けつけて来た〉（大原富枝「草を褥《しとね》に　小説牧野富太郎」）

壮年期の牧野と寿衛（撮影年不詳、高知県立牧野植物園所蔵）

いよいよ死を覚悟した時、寿衛《すえ》は自分の人生をどんなふうに眺めたのだろう。

貧乏との闘いは新婚当初から始まった。子どもを13人産んで、6人を育て上げた。牧野の研究生活に伴う巨額の借金は、篤志家の支援で解決もされてきたが、家族が日々生きるためのお金に事欠く生活が長く続いた。自ら「待合《まちあい》」を経営して、しのぐこともあった。

そして、ようやく東京郊外に持ち家を初めて得た。これから少しは落ち着いた、穏やかな生活が始まるだろう。そう思っていた時に襲った病魔だった。寿衛《すえ》の肉声は残されていない。大原富枝は小説家として、寿衛《すえ》の臨終を以下のように描いた。

〈そのとき寿衛子《すえこ》は、いかにも苦しそうに顔をしかめ、最後の力をふり絞って首をくるりと廻《まわ》して顔を夫から反向《そむ》け、眼を閉じた。そのときが、すなわち臨終であった〉

どう考えたらいいのか、戸惑うような描写である。夫を見つめながらの死ではなく、最後の力を出して、顔をそむけるのだ。いろいろな捉え方ができるのだろうが、私はこんなふうに思う。

牧野富太郎と暮らした40年間、さまざまな苦労を重ねたが、退屈することはなかった。愉快なこともたくさんあった。夫は世界に誇れる植物学者であった。けれど、もう、そうして尽くすことにいささか疲れてしまった。私は、もう私だけで、永遠に眠らせてください、と。

植物を命名するに当たって、牧野はそこに私情をはさむことを嫌悪した。こんなエピソードがある。

ドイツの医者で博物学者のシーボルトが日本のアジサイに初めて学名を付けて発表した。その学名の中に「オタクサ（Otaksa）」という単語があった。「オタクサ」とは何なのか。日本の植物学者にとって、それは謎だった。これを牧野は調べる。シーボルトは長崎に住んでいた。「オタクサ」は長崎でのアジサイの地方名では、と推測した。しかし長崎に行って調査しても、そのようなことはなかった。そして、それはシーボルトの愛人であった楠本滝という女性の通称「お滝さん」にちなむものと分かった。牧野は学会誌でシーボルトを激しく非難した。

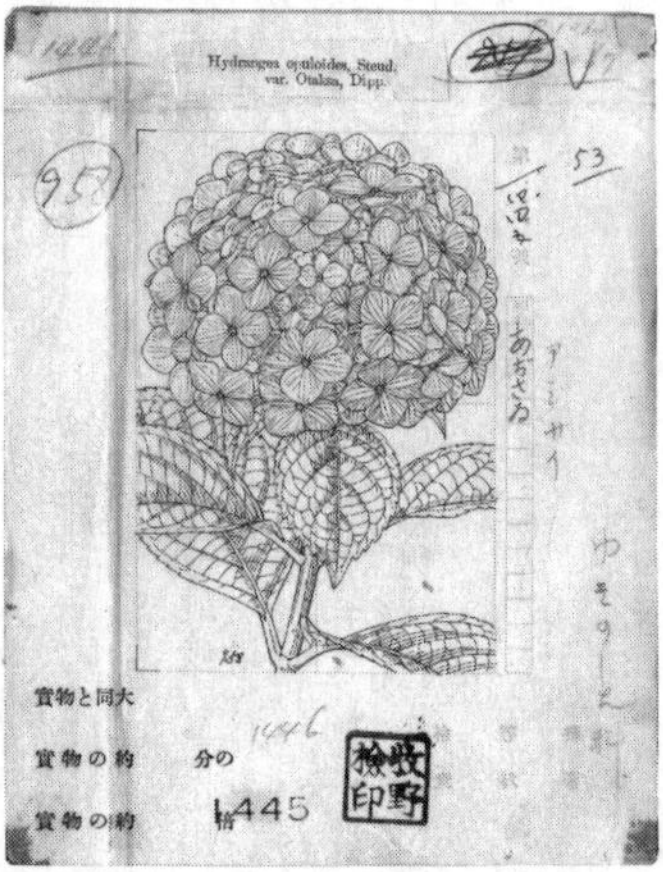

牧野日本植物図鑑〈1940〉のアジサイの原図

〈この清浄な花が、その名前によって汚されている〉

妻の病状が思わしくないころ、牧野は旅先の仙台で個性的な新種のササを見つけた。

世の中のある限り…

植物の命名というのは、植物分類学において最も重要な行為である。シーボルトのアジサイのように、その植物と無関係な愛人の名を学名とするような私情をはさんではならない。牧野はシーボルトをそんなふうに批判していた。

しかし、1928（昭和3）年、54歳で亡くなった妻の寿衛《すえ》を悼んで、牧野が仙台で発見した新種のササに付けた学名は「Sasa suwekoana Makino」（スエコザサ）だった。

シーボルトのことを忘れていたのか。悲しみの激情の中にあって、そんなことはどうでもよくなっていたのか。それとも、シーボルトの思いと重なるそれを理解したのか。

◆◆◆

植物の命名に関する今の国際規約は、学名に人名を付ける場合、その植物の発見者や採集者、あるいは研究の援助者などに限るよう勧告している。牧野に師事した元高知学園短期大学長の上村登《みのる》さんは、スエコザサの命名について、こう書いている。

〈シーボルトが日本を去るにあたって、居留中に愛した女性の名をアジサイの学名として献名したのは少々プライベートすぎると書いたが、牧野博士のスエコザサの方は、寿衛《すえ》子夫人は立派に研究を援助した研究関係者である〉

牧野は寿衛《すえ》の墓碑に、以下のような自作の句を刻み付けた。

「世の中のあらん限りやスエコ笹」

２０１２年８月、私は「仙台市野草園」（同市太白区）にいた。東北地方の野草を中心に、水辺から高山に至る植物を植栽していて、スエコザサもその中の一つである。

野草園の前園長、上野雄規さん（65）に案内してもらった。牧野を敬愛している上野さんは、スエコザサの研究者としても知られている。本連載で紹介した牧野が仙台でスエコザサの発見に至る足取りなどは、上野さんが探し出した資料によって明らかになった。

「牧野先生とは残念ながら会ったことはないのですが、少年のころからの憧れの存在でしたよ。植物に関心を持って研究していると、あらゆるところに牧野先生の名前が出てきますしね。自分の足で歩いて、植物を集めて、それを図鑑という形で集大成した。もう、あんな人は出てこないでしょうなあ」

園内は数種類のササがあったが、「あっ、これ、スエコザサですね」と自分で先に見つけることができた。「はいはい、よく分かりましたね」と上野さんが笑った。特徴のあるササなのだ。葉が裏側に向かって巻くようになっている。そして葉の上には白い毛がたくさん生えている。

牧野と寿衛《すえ》の物語。その名前の由来も思いながら観察をすると、それはただのササではなくなる。

スエコザサの標本を前に話す仙台市野草園の上野雄規前園長（同市太白区）

野草園からタクシーに乗った。運転手さんは南方熊楠《みなかたくまぐす》のことは知っていたが、牧野富太郎のことは知らなかった。仙台市の三居沢《さんきょざわ》という所へ向かう車中で私はスエコザサの話をした。今から80年以上前、牧野はそこでスエコザサを見つけたのだった。

今も自生している、と聞いていたが、1人で見つけられるかどうかは不安だった。小高い山の道を2、3分歩くと、沿道にササが生えていた。葉が巻き、けばだっている。あっけなく、スエコザサに出合えた。仙台という大都市の郊外でたくましく自生していた。

写真に収めて、しばらくすると、ぽつぽつと雨が降りだした。次第に雨は激しくなる。軒先に逃れ、その夕立をぼうぜんと眺めた。

名声確立した「図鑑」

しかし、それにしても、なぜ植物なのか？

牧野富太郎はそう問われるたび、困惑した。

〈私は飯よりも女よりも好きなものは植物ですが、しかしその好きになった動機というものは実のところそこに何もありません。つまり生まれながらに好きであったのです。どうも不思議な事には、酒屋であった私の父も母も祖父も祖母もまた私の親族のうちにも誰一人特に草木の嗜好者はありませんでした。私は幼い時からただ何となしに草木が好きであったのです〉（自叙伝）

牧野の同時代、その以前と以後にも、たくさんの植物学者がいた。しかし、これほどに有名な学者はいない。

その名声を決定的に確立した書物は、１９４０（昭和15）年に刊行された「牧野日本植物図鑑」である。牧野78歳だった。

19歳で上京してから、植物学者を志した。日本のすべての植物を明らかにしたい─生涯を貫いた大望は、土佐の植物誌編さんから始まった。そして半世紀以上を費やし、さまざまな挑戦と挫折も経て、ようやく一つの完成を見たのだった。

◆◆◆

「図鑑を発明したのは牧野富太郎だ」と一般に言われる。

「牧野日本植物図鑑」（以下、牧野図鑑）は、当時の四大取次店に数えられていた北隆館から出版された。初版第1刷は5千部だったが、すぐに売り切れて増刷を重ねたという。

現在、牧野図鑑には学生版やコンパクト版など、さまざまなスタイルのものがある。版元の北隆館によれば、「牧野」を冠する図鑑の総発行部数は、これまでに40万部を超える。今も売れ続けている驚異的なロングセラーだ。

「図鑑」というものが売れる。それは、牧野図鑑が出た当時の出版業界には驚くべきことだった。北隆館も牧野図鑑に続いて、「日本動物図鑑」「日本昆虫図鑑」を刊行する。ここに現代につながる「図鑑」がスタートした、と言える。

◆◆◆

しかし、図鑑を「牧野の発明」というのは、正確な表現ではないようだ。牧野図鑑刊行の以前、別の植物図鑑も出版されていた。この辺りの出版競争の事情も面白いので、後述する。

牧野日本植物図鑑（高知県立牧野植物園所蔵）

本当に驚くべきことだが、今も牧野図鑑は現役の本である。今この瞬間にも、誰か人の手でページが繰られているだろう。図鑑に収められた植物図を凝視し、説明文を熟読しているだろう。およそ植物を研究する専門機関や施設の中で、牧野図鑑を置いてない所はないだろうし、専門家ばかりでなく、植物愛好家たちにも必携の図鑑として広く使われている。

◈◈◈

東京、調布駅。近くの喫茶店で待ち合わせた。

牧野に教えも受けた、その人が取り出した牧野図鑑（学生版）は、よく使い込まれていた。

江戸川で至福の昼寝

図鑑に載っていた写真そのままの人だった、という。

東京、調布駅前の喫茶店。横山譲二さん（86）＝同市深大寺＝は、牧野との初めての出会いを振り返る。当時、横山さんは師範学校に通う16歳の青年だった。時は戦中である。植物採集会の案内状の注意事項に「雨または警報発令中の時は中止とする」とあった。

１９４３（昭和18）年９月10日、植物採集会は予定通り午前10時から始めることができた。アメリカのB29爆撃機による本土への爆弾投下が激烈になるのは、その翌年からである。植物採集会というようなものを開くことができる、ぎりぎりの時節であった。本土空襲は１９４５年８月15日の終戦当日まで続き、全国で死者は30万～50万人に及んだと推測される。

戦時の穏やかな好天の下、「胴乱」と言われる植物採集箱を抱えた100人ほどの人が東京の小岩駅に集まった。そこに、眼鏡に蝶《ちょう》ネクタイ、小柄で白髪の81歳の牧野がさっそうと現れた。

「この時代に、この年代の人が、元気にてくてく歩き回る姿は神秘的ですらありました」と横山さんは思い返す。

「僕みたいな小僧にも、先生は丁寧に説明してくれるんですね。その説明が実に平易で、難しいことは言わない。歩きながら、みんなが植物の名を聞く。先生は即座に答える。少しも考えたりしない」

江戸川の岸辺にしゃがみこみ、牧野の話を聞いた。

〈花に興味を持つと幸せだよ。とってもいいことだ。よく歩くことになるから、健康にもいい。私なんかどこ行っても元気だ〉

〈ご婦人の方はね、子どもたくさんつくらなきゃ。私は13人つくったよ〉

横山さんが植物採集から戻ってくると、牧野は胴乱を枕にして、草の上でぐうぐう寝ていた。

◈◈◈

その牧野の幸福な昼寝を想像する。

平和と植物を愛する老若男女に囲まれている。存分に植物を語った。この江戸川辺りに自分の知らぬ草木はない。いくぶん暑さもやわらいだ9月、江戸川から涼やかな風が吹く。80歳を越えても深夜1時、2時まで研究を続ける日々であるから、昼下がりの木陰のまどろみは深く快いものだ。午睡を見守る次女の鶴代もそばにいる。夢さえ見ぬ、至福の昼寝だ。

牧野が主宰した植物観察会は、今も「牧野植物同好会」として関東を中心に活動を続けている。もちろん横山さんも会員で、130人ほどの仲間がいる。毎月1回の野外研究会を欠かさない。

植物を愛することの幸福。牧野はそれを、大学や学界といった枠を超えて、一般の人たちに伝えたかった。その精神は「牧野植物同好会」など全国各地の愛好会や研究会に引き継がれている。牧野が設立などに関わった組織は全国20都道府県、約40団体にも及ぶ。

そうした愛好会などに所属する人たちの必携の本が「牧野日本植物図鑑」である。横山さんも観察会には必ず学生版と名付けられたコンパクトな牧野図鑑を持参する。その図鑑の巻頭に牧野は書いている。〈植物図鑑の生命は全く図版にある。いかに精緻な説明文を読んで見るよりも描写された図と実物をあてはめるのが第一である〉

絶えず図と実物を照らし合わす。横山さんの牧野図鑑は、その実践によって実によく使い込まれていた。手に馴染《なじ》んでいた。

「牧野ブランド」の図鑑

牧野を著者とする「牧野日本植物図鑑」は1940（昭和15）年、北隆館から出版された。その刊行当時から、牧野の念頭には増補があった。不足しているところを書き加えていくつもりだった。戦争をはさんで、1949年と1950年にセイヨウタンポポ、オオウバユリなどの新しい種類を加えた。さらに1956年には他の執筆者の協力も得て「牧野日本植物図鑑増補版」を出版する。

そして牧野の死後4年たった1961年、大幅な改訂がなされて「牧野新日本植物図鑑」として刊行された。さらに1989年、多くの専門家が加わり「改訂増補 牧野新日本植物図鑑」が出版される。最新の図鑑は前著の図版を使って内容を充実させた「新分類 牧野日本植物図鑑」となる。まさに牧野の「遺志」が後世の植物学者たちに引き継がれて、図鑑は進化を続けている。

つまり、「牧野」という信用力のある「ブランド」によって、増補や改訂が繰り返されている図鑑シリーズと言っていいだろう。

牧野式と呼ばれる植物の特徴を捉えた植物図、それに付された簡潔で要点を得た説明文。牧野が確立した図鑑のコンセプトは、精彩な写真を掲載できる現代の印刷技術の中にあっても、色あせることはない。

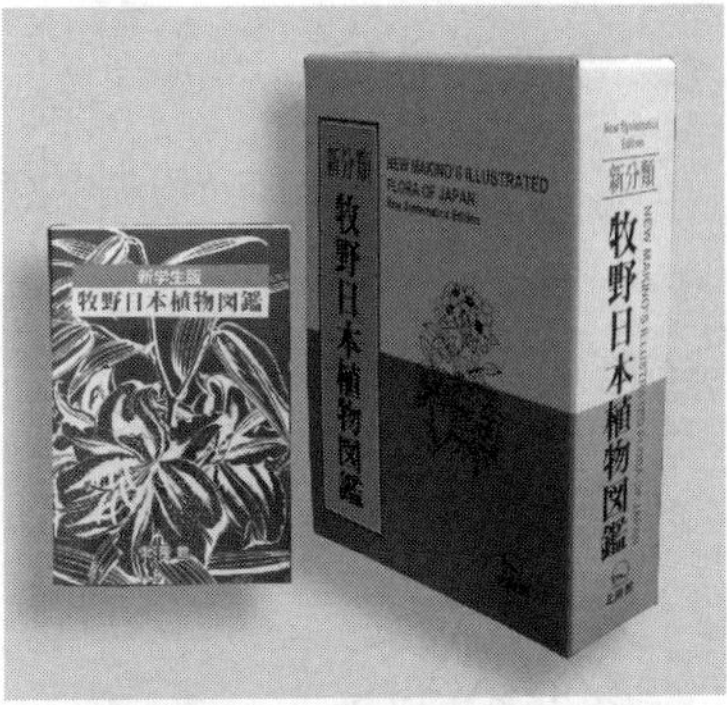

現在も出版され続ける牧野図鑑：右は「新分類　牧野日本植物図鑑」。左はコンパクトな「新分類　学生版牧野日本植物図鑑」

◆◆◆

素朴な疑問も浮かぶ。

図鑑に頼って植物を調べるとき、やはり「写真」より「図」の方が分かりやすいのだろうか?

高知県立牧野植物園の研究員、田中伸幸さん(41)は話す。

「確かに今は写真のすごくいい図鑑もあって、それを使います。でも微妙なところで植物を見分ける時などは、図の方が特徴をつかみやすいんですね。実物でなく植物標本から調べる時なども、そうです。図というのは、写真にはなし得ないことができます。それは種の特徴を捉えることができるからです」

こういうふうに考えることもできる。

開花したバイカオウレンをカメラで写真に撮る。その1枚は、植物の一瞬の姿を映像で忠実に記録したものだ。一方の植物図は人の手で描く。作図する人の目の前にも同じバイカオウレンがある。しかし、図にする時にそればかりを観察しているわけではない。手元には花を付けてないころのバイカオウレンもある。あるいは野山で実際に見た記憶も残っている。それらを頭の中で「編集」して、バイカオウレンとはどんな植物であるか、その「典型」を伝えようと苦心する。

カラー写真は、梅花のような小さい花を付けたバイカオウレンの可憐《かれん》さを生き生き伝えるだろう。けれど、まだ花を咲かせてない時季に出合ったならば、どうか。それをバイカオウレンと見分けることができるだろうか。

◆◆◆

牧野植物園の田中さんの幼いころの夢は、動物学者であった。都

「牧野日本植物図鑑」のバイカオウレンの図

内の生物部の活動が盛んな高校に進学した。ところが、生物部の中で最も人気のなかった植物科に入ることになってしまう。植物科の将来に危機感を持っていた先輩たちの熱心な勧誘にほだされたのだった。

「植物を覚える基本は標本を取ること。そう教えられて、まずは校庭にある植物を全部調べることから始めましたね。その時、これがいいと勧められたのが牧野図鑑（学生版）でした」

◆◆◆

「牧野日本植物図鑑」は、牧野の「分身」であった。この図鑑は、いかにして生まれたのか。

東大の講師を辞任

「牧野日本植物図鑑」刊行の前年、牧野は東大に辞表を出している。それは大きなニュースとして報じられた。1939（昭和14）年7月25日付の新聞「東京朝日」は、以下のような見出しで記事を掲載した。

〈四十七年勤めて月給七十五円／東大追われた牧野博士／深刻な学内事情の真相をあばく〉

著者（牧野）から献本された牧野日本植物図鑑初版本（小石川植物園所蔵）の扉。著者直筆の筆書きがある

大学内部の事情に詳しい人物に記者が質問をするというスタイルで、記事はつづられる。その事情通によれば、こんなふうな経緯であった。

その年の5月、東大植物学教室の助手が牧野の自宅にやってきた。そして、こう言った。「先生は適当な機会に辞表を出したいと言っておられたが、大学でも待っているから、早い方がいい。今日、辞表を出していただけないか」

その非礼に牧野は怒った。隣の部屋で聞いていた娘も飛び出してきた。「何という失礼なことをあなたは老人になさるんです！お帰りなさい、お帰りなさい！」

この時、牧野は77歳になっていた。大学では講師という身分であって、教授のような定年はないものの、1年ごと雇用を更新していくというものだった。

〈博士の受け持った講義は「植物分類学実験」と「植物分類学野外実習」で、前期の第三学期に十回前後くらいであった。博士の講義は深い体験と博覧強記に基づく独特のもので、ことに和漢の学に精通した趣味深い話は学生に喜ばれ、

東大植物学教室で学生に囲まれる牧野（高知県立牧野植物園所蔵）

つい回を重ねるうちにもう終わってしまってがっかりした、という体験を語った人もある〉（上村登《みのる》「花と恋して」）

ことに野外実習は人気を集めて、分類学を嫌った学生まで参加した。採集指導は日帰りできる神奈川県の海岸各地や筑波山などで行われた。講義を終えた牧野は、しばしば植物学科の学生全員を連れて、自動車で一流の食堂に乗りつけた。

〈学生たちは豪華な料理を前にして、これで先生の月給が飛んでしまうかと思うとありがた過ぎてごちそうが咽喉《のど》を通らなかった〉（同）

1939年5月25日、牧野講師は理学部長に辞表を提出した。そろそろ潮時だ、と牧野も思っていた。これは後年の述懐である。

〈私はもう年も七十八歳にもなったので、後進に途を開くため、大学講師を辞任するの意はかねて抱いていたのであったが、辞めるについて少なからず不愉快な曲折があったことは遺憾であった。私は今改めてそれについて語ろうとは思わないが、何十年も恩を受けた師に対しては、相当の礼儀を尽くすべきが人の道だろうと思う。権力に名を借り一事務員を遣わして執達吏《しったつり》の如き態

度で私に辞表提出を強要するが如きことは、許すべからざる無礼であると私は思う〉（自叙伝）

牧野は言う。大学は辞めても、植物の研究を止めるわけでない。私の日常に変わりはない。その時の心情を牧野は歌っている。

〈朝な夕なに草木を友にすれば淋しいひまもない〉（自叙伝）

草木を友にすればいいのだ。そうすれば、こういうふうな気分になる。

〈人生に寂寞《じゃくまく》を感じない。もしも世界中の人間がわれに背くとも、あえて悲観するには及ばぬ。わが周囲にある草木は永遠の恋人としてわれに優しく笑みかけるのであろう〉（牧野「植物知識」）

天から授かった健康体

東大を辞めた牧野は、ますます元気である。

〈大学を出て何処《どこ》へ行く？　モウよい年だから隠居する？　トボケタこと言うナイ、われらの研究はマダ終わっていないで尚前途遼遠《りょうえん》ダ。マダ自分へ課せられた使命ははたされていないから、

これから足腰の達者な間はこの闊《ひろ》い天然の研究場で馳駆《ちく》し、出来るだけ学問へ貢献するのダ〉（自叙伝）

牧野は天から授かったような健康な体を有していた。以下は牧野77歳の時の文章である。

〈幸い若い時分から身体に何の故障も無く頗《すこぶ》る健康に恵まれているので、その辺は敢《あえ》て心配無用ダ。私の脈は柔らかく血圧は低く、エヘン元気の電池であるアソコも衰えていなく、そして酒も呑《の》まず煙草《たばこ》も吸わぬからまず長命は請合《うけあ》いダと信じている。マア死ぬまで活動するのが私の勤めサ〉（同）

研究の集大成となる「牧野日本植物図鑑」（１９４０年刊）の執筆と編集は、１９３１年から始まったと言われる。69歳で書き始めたのだ。学問的情熱がなければできないことだが、健全な頭脳と健康な身体に支えられたからこそ大著の完成をみ

奈良県の山中でおどける78歳の牧野（1940年、高知県立牧野植物園所蔵）

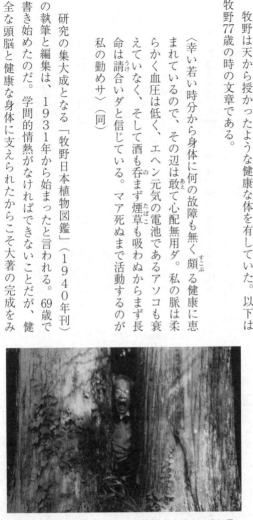

た。

〈今でも夜二時過迄《すぎまで》仕事をしているが、これをしないでは物足らない感じがする。仕事をすまして頭を枕につけるとたんにぐっすり朝迄熟睡するから、いまだに記憶力が鈍ったとか、気力が衰えたとか感じたことはない〉（同）

幼少の牧野は病弱であった。体はやせており、手足は長かったので「バッタ」というあだ名もあった。

〈植物が好きであったので山野での運動が足り、且《か》つ何時も心が楽しかったため、従って体が次第に健康を増し丈夫になったのである〉

図鑑の執筆や作図というものは、根気も要する大仕事であろう。毎日一歩一歩進めていくほかない。

〈何にも別に関心事なく平素坦々《たんたん》たる心境で平々凡々的に歳月を送っています。すなわちかく心を平静に保つ事が私の守ってる健康法です〉

日本初の本格的植物図鑑を刊行する。その情熱の一方で、平素坦々、平々凡々の心境を持って作業を進める毎日があるのだ。

そのために体も丈夫の必要がある。

〈睡眠時間は通常六時間あるいは七時間位で、朝は大抵八時前後に床から離れます〉

〈私の体は創《きず》をしても滅多《めった》に膿《うみ》を持たず癒《いえ》るのが頗《すこぶ》る早いので、小さい創は何んの手当てもせず何時もその儘《まま》に抛《ほう》り放しで置きます。つまり私の体は余り黴菌《ばいきん》が繁殖せぬ体質とみえます〉

牧野は自動車事故、山からの転落事故も経験している。69歳の時、大学から乗ったタクシーが車と衝突。窓ガラスで顔を切って、大けがをした。78歳の11月、大分県の山で植物採集をしていて、がけから転落。別府で年末まで静養したこともあった。牧野は交通事故を振り返る。

〈退院したては人相が悪かったが、思ったより早くよくなった。医者は酒を呑まないから全快が早いのだと喜んでくれた〉（同）

図鑑出版競争を経て

1940（昭和15）年刊行の「牧野日本植物図鑑」は、日本で初めての「図鑑」であったわけではない。話は大正時代にさかのぼる。

「日本植物図鑑」「大植物図鑑」という2冊の図鑑が刊行された。前著は1925（大正14）年9月24日発行、後著も同年同月で25日に発行されている。前著は牧野富太郎、後著は村越三千男という人物が監修した図鑑である。北海道自然保護協会会長などを務めた俵浩三《ひろみ》さんは、この2冊の図鑑を古書店で見つけた。そして、そのことに驚いたのだった。

〈すなわち奥付によれば、牧野の図鑑は、村越より一日遅く印刷され、一日早く発売されたのである。おそらくこれは双方の出版社が相手の企画を意識し、出版競争を行った結果であろう。そして、その後の二版、三版、四版……、の重版の日付も追いつ追われつで、両者が並走し競争状態になっている。大正時代に植物図鑑の出版競争があった、などということは、私にとって思ってもみなかったことである〉

増補や改訂を繰り返す「牧野日本植物図鑑」
（高知県立牧野植物園所蔵）

俵さんはその発見と驚きをもって書いた「牧野植物図鑑の謎」（平凡社新書）に、そう記している。

俵さんは村越という人物に着目した。村越は高校で植物学と絵画を教える埼玉県の教師だったが、生徒に教えるための植物図鑑を出版することを目指して上京した。そして苦労の末、一般の人たちに向けた

「普通植物図譜」という本を１９０６（明治39）年に刊行する。

すでに当時から牧野は植物の大家として知られていた。村越は牧野に近づき、本の校訂を頼む。そして図譜は「牧野富太郎校訂、村越三千男写生画」として権威を高めて出版された。本は小学校の先生らに好評で、発行部数を伸ばしていった。さらに両者で「野外植物の研究」「植物図鑑」などが刊行されていく。

しかし、そんな協力関係にあった２人の距離はいつからか遠くなる。

「植物図鑑」は、現在の「牧野日本植物図鑑」の発行元でもある「北隆館」に版権が引き継がれたが、時が過ぎるにつれ、内容を一新する必要が出てきた。北隆館は牧野に抜本的な改訂を依頼する。しかし、凝り性である牧野の作業は遅々として進まない。一方、村越は独自で新しい植物図鑑の編集を進めていた。ここに出版競争が始まった、と俵さんは指摘する。そして１日違いで牧野「日本植物図鑑」、村越「大植物図鑑」が発行されたのだった。

さらに注目することがある。村越の図鑑には、牧野の「上司」であった東京帝国大学の松村任三名誉教授らが序文を寄せていた。村越の図鑑を応援していたのだった。ここにも「ライバル関係」がある。

◆◆◆

牧野自身は「日本植物図鑑」の内容に大いに不満だった。出版競争に巻き込まれて、刊行を急《せ》かされたのは不本意だった。後年、牧野は「牧野日本植物図鑑」の序文に書く。あれは「応急本」であった、と。

そのような時代的背景もあって、皇紀２６００年（１９４０年）を目指した「牧野日本植物図鑑」のプロジェクトは始まったのだった。

この図鑑刊行には、東大植物学教室の中井猛之進教授を中心とする一線の学者たちが参加した。それぞれの専門分野ごとに原稿を下書きし、それを牧野が書き直して、次々印刷に回していった。

予定通り、1940年の10月2日に「牧野日本植物図鑑」が出版された。「牧野」の名を冠した初めての図鑑だった。

◆◆◆

これには違った話もある。

「牧野日本植物図鑑」の版元である北隆館の福田久子社長（68）は「牧野先生は『牧野日本植物図鑑』の序文で否定的な書き方をされていますが、明治41年出版の『植物図鑑』、大正14年の『日本植物図鑑』の出版という流れが、後の『牧野日本植物図鑑』につながったのだろうと思います」と話す。

当時の社長は、祖父にあたる福田良太郎であった。祖父によれば、明治に出された図鑑を元本として、東大にいた植物学者の三宅驥一《きいち》たち専門家チームの協力で、牧野の専門であった双子葉植物と単子葉植物の手直しがされ、さらに不足していたシダ、コケ、キノコ、海藻類などの隠花植物を加えて『日本植物図鑑』は完成したという。

牧野日本植物図鑑〈1940〉刊行時の小石川植物園園長（第4代）中井猛之進教授（小石川植物園所蔵の肖像画より）

牧野は、この図鑑の執筆に尽力した三宅驥一《きいち》、川村清一、岡村周諦らの名前を昭和15年の「牧野日本植物図鑑」の謝辞でも、当時の小石川植物園園長であった中井猛之進より先にあげている。彼らは「牧野日本植物図鑑」でも牧野にとって重要なブレーンであった。その専門分野である隠花植物の図の中には「日本植物図鑑」から引き継がれているものも見られるという。

「生前祖父は牧野図鑑がほぼ完璧になったのは、東大の三宅先生がいらしたおかげだと申しておりました」と福田社長は言う。また、俵さんの「牧野植物図鑑の謎」が指摘する図鑑出版競争についても違った見方をする。

「祖父は村越三千男という人を知らなかったようなんです。ですから、祖父には出版競争をしているという意識はなかった。牧野先生と村越先生の図鑑は、かなり読者対象が異なっていたのではないでしょうか」

◆◆◆

牧野と北隆館の関係は親密なものだった、という。

良太郎社長と連れ立って、しばしば赤坂、新橋、浅草の料亭に出掛けて、芸子とともに小唄や踊りを楽しんだ。北隆館の経理部には「牧野富太郎担当」も置かれ、生活費や書籍代の処理をしていた。

「ある時、会社に山のように本が積まれたトラックが横付けになり、その請求をされて担当者がびっくりしたという話も残っています」と福田社長は話す。

牧野本人に会った思い出もある。1954（昭和29）年、福田社長は小学3年生だった。北隆館が西武池袋線の車両を借り切って、植物採集などを楽しむ「花電車」と称する催事を行った。

「そのときの引率者が牧野先生で、手を引いていただきました。とってもやわらかい手をしていらした思い出があります」

あなたは国の宝です

一線の植物学者たちの力も結集して刊行された「牧野日本植物図鑑」であったが、牧野はそれでも満足していない。

〈私の理想通りのものはなお将来でないと完成しないが、ともかく目下の急に応ずるために本書のようなものが出来た。（中略）しかし、今はただ周囲の事情が急であって、充分思うようなことが出来なかったのをすこぶる遺憾とする〉（同図鑑の序文）

注文した料理がテーブルに並べられて、シェフから「調理を急がされて、十分な味になっていませんが、まあどうぞ」と言われているような気分にもなる。率直なのだろう。自身が持っている植物知識に図鑑は遠く及ばない。刊行当時から牧野の頭の中には増補、改訂があった。

しかしながら、図鑑は大好評であった。それは日本の植物図鑑のスタンダードとなっていった。

◆◆◆

東大の講師を辞任したのは実に77歳の時であったが、大学という組織から解き放たれて、その仕事ぶりもますます旺盛なものになっていく。辞任の翌年に「牧野日本植物図鑑」を刊行。その次の年は政府の命を受けて満州（中国東北部）に桜の調査に行く。帰国後、神戸の資産家・池長孟《はじめ》が買い取っていた30万点の植物標本が再び牧野の元に戻った。

そして戦時中にあっても一般読者向けの「植物記」（1943年）、「続植物記」（1944年）を刊行した。戦争による食糧事情の悪化を受けて、「武蔵野の草を食う会」を主宰するなど野生植物の食用の指導も行った。

◆◆◆

宮内庁から牧野の自宅に電話があったのは、1948年秋のことだった。

〈「お父さん、宮内庁からお電話ですよ。天皇陛下がお召しですって……」。このころめっきり耳が遠くなった老博士は、書物から目を離して、ぐっと頭を右にまわし、左手に耳をあてて、「なに！天皇陛下がこの私に……。そうか」。ゆっくりうなずいた博士は、あのつぶらな老いの目をしばたたいた。「皇居へ上がって、天皇陛下に植物学をご進講するようにとのお達しですよ」「ほほう……そうか。それほどまでにこの私を……」〉（上村登《みのる》「花と恋して」）

昭和天皇は植物に深い関心を持ち、研究をしていた。昭和初年に住まいを赤坂から現在の皇居に移す時も、人工的な庭園にするのではなく野草の生える自然園にすることを望んだ。天皇が庭を散策する時にはよく牧野図鑑を手にしていた、とも言われる。

〈陛下とともに吹上御所を歩きながら、博士は武蔵野の植物についていろいろご説明を申し上げた。陛下はいちいち興ありげにお聴きになり、御苑の植物について専門的なご説明をなさった。

博士はご質問にも独特の博識を以《もっ》てお答え申し上げた。ご進講を終わった博士を、ねぎらわれながら昭和天皇は、「あなたは、日本はもちろん世界の植物学界にとっても大切な人です。国の宝です。しかし老齢ですから無理をしないで体をいたわり、もっともっと長生きしてください」と、お言葉を重ねられた〉（同）

牧野は、この話を繰り返し語った、という。

２０１２年12月から２０１３年３月まで生誕150年を記念する特別展「植物学者牧野富太郎の足跡と今」が東京の国立科学博物館で開かれ、86万人の入場者があった。会場には、牧野がご進講の時に着たコートも展示された。

昭和天皇へのご進講の時に牧野が着たコート（高知県佐川町教育委員会所蔵。写真提供：高知県立牧野植物園）

生き返った博士

老境の牧野はつづる。

〈私の一生は殆《ほとん》ど植物に暮れている。すなわち植物があって生命がありまた長寿でもある。ようこそわれはこの美点に富んだ植物界に生まれ植物が好きであったことを神に謝すべきことだと思っている。私がもしも植物を好かなかったようなれば、今ごろはもっと体が衰え手足がふるえていて、心もうろくしているに違いなかろう〉（自叙伝）

1949（昭和24）年4月24日、牧野は87歳の誕生日を迎えた。これまで大きなけがをしたことはあったが、ほとんど病気とは無縁だった。

その年の梅雨のころだった。いつものように夜中の3時まで植物図を描いてから休んだ。しかし朝になって、どうしても起き上がることができない。そのまま意識を失った。

〈日ごろ健康な博士が急性大腸炎で倒れた。老齢の大腸炎は抗生物質の出来た今日でも危険なものといわれるが、博士の容体もだんだん重篤になり、ついに危篤におちいった。主治医も手を尽くしたが失神状態に陥り、脈もふれなくなって、「ご臨終です」と言うに至った〉（上村登《みのる》「花

と恋して」〉

6月26日付の高知新聞朝刊は「牧野博士重体」と伝えた。

〈二十三日急性腸カタルにおかされ高熱を発し二十四日早朝から意識不明におちいり同日夕刻重体となった〉

記事には昭和天皇侍従の談話もある。

〈陛下はいつも牧野博士の著書に親しんでおられ旅行先にも必ず携行されるが博士の権威には大いに敬服しておられる。昨年十月七日御研究所を拝観したときも陛下は大層お喜びになつて吹上の野草園を御自身で案内して一しよに植物観察をなさつたが陛下は博士の重態を聞いて非常にご心配のようでした〉

奇跡のようなことが起こった。

大原富枝は「草を褥《しとね》に　小説牧野富太郎」の作品冒頭で、この場面を描いている。

〈年齢が年齢だし、何しろ一週間あまり危篤状態であった。心臓がとまったので主治医も駄目だと思ったから臨終ですと言ったはずだった。しかし、近親の人々が泣きながら唇に運んでいた末《まっ》期《ご》の水があまりに多く口の中に溜まったのを彼は、冷たいと思い、ふとごくり飲み下してしまった〉

死者の唇をしめらす水を飲み干して、「生き返った」のだった。

後年、牧野は徳川夢声との対談の中で語っている。

〈それで末期の水を飲まされたというのは、覚えていらっしゃいますか〉という夢声の問いかけに牧野は答える。

〈あれは覚えていないんです。死んだも同然でしたからね。病気中ちょっと目が覚めたようなことがあって、何かいうたこともあったらしいが、自分じゃちっとも覚えてません。回虫が口の方へ一匹出て来たのを噛《か》んで、どうもこれはうまくない、というたそうです（笑）〉

復活の翌年、牧野は学者たちの「殿堂」である日本学士院の会員

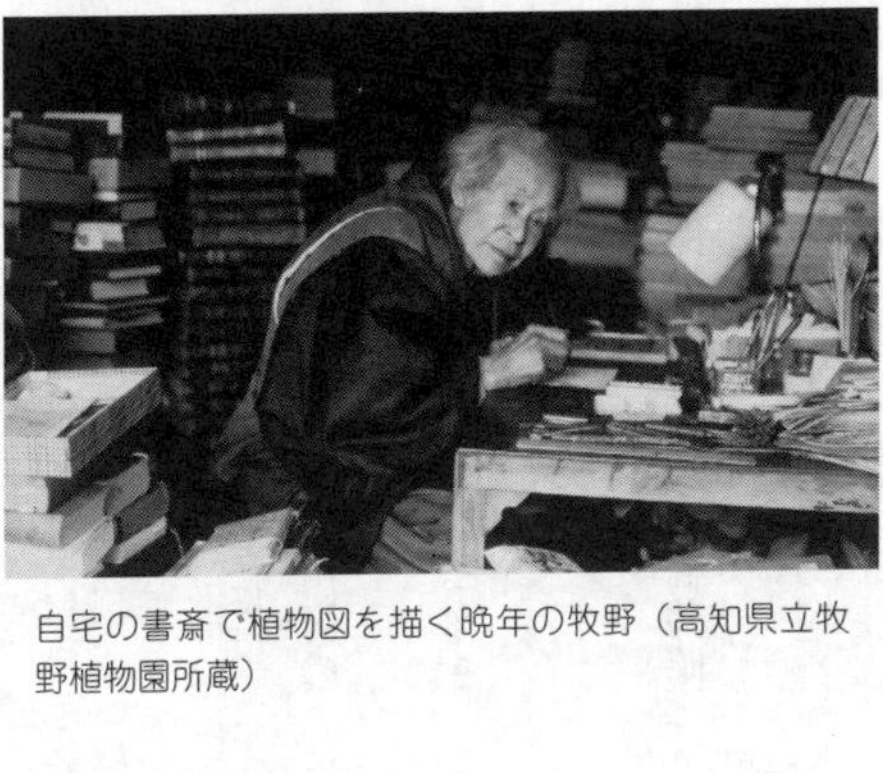

自宅の書斎で植物図を描く晩年の牧野（高知県立牧野植物園所蔵）

となった。

「あの老人たちの仲間入りをするのか」と88歳の牧野は笑ったという。

さらに栄誉は続いた。

1951年に吉田茂首相の発案で定められた「文化功労者」の一人に選ばれる。第1回の功労者には、理論物理学の湯川秀樹、日本画の横山大観、小説家の志賀直哉らの名もある。その翌年、故郷佐川町の生家跡に「牧野富太郎先生誕生之地」の記念碑も立った。

1953年には、東京都名誉都民となる。これも創設されたばかりの制度で、「憲政の神様」と称された政治家の尾崎行雄とともに初の名誉都民に選ばれた。

◆◆◆

そのころ牧野の膨大な標本は、自宅の大きな倉庫に収められていた。元高知新聞社社長の故・橋井昭六さんは、その標本を実際目にしたという。

百まで生きたいもんじゃ

瀬戸大橋が開通してから2022年4月で34年になった。

四国と本州を橋で結びたい。明治のころから構想はあった。建設の大きな契機になったのは、瀬戸内海連絡船の悲惨な衝突事故からである。

1955（昭和30）年5月11日早朝、781人の乗客があった連絡船「紫雲丸」は高松港を出発。およそ

16分後に貨物船と衝突して沈没した。

当時、元高知新聞社長の故・橋井昭六さんは社会部記者だった。連絡船には高知市立南海中学校の生徒117人も乗っていた。現場に急行した。死者168人の歴史的大惨事で、うち100人ほどが修学旅行の生徒たちという痛ましさであった。高松港の岸壁に子どもたちの遺体が並び、駆けつけた親たちが泣き叫んだ。南海中の生徒28人が亡くなった。橋井さんは凄惨《せいさん》な現場をつぶさに取材した。

その報道に追われた年の9月のことだった。橋井さん（当時24歳）は高知新聞東京支社に異動になる。

そのころ93歳の牧野富太郎は、床に臥《ふ》せっていた。

◈◈◈

87歳の時の「奇跡の蘇生」から、牧野はすっかり日常を取り戻していた。野外で植物採集会を指導し、自宅の書斎では深夜まで執筆や研究を行っていた。

90歳を迎える年の2月、牧野は肺炎を患った。発熱、呼吸困難、心臓衰弱で危篤となるが、それを脱する。そして3年後、「紫雲丸」の事故があったころ、再び肺炎を起こす。前回よりも危険な状態になったが、またもや牧野は病を乗り越える。その生命力は主治医たちを驚かすが、さすがに立って歩くことはできなくなった。

◈◈◈

橋井記者が東京支社に赴任したのは、そのような時だった。世界的植物学者で郷土の偉人でもある牧野の動向取材は、もちろん欠かせぬものであった。東京練馬の東大泉にある自宅を何度も訪ねた。

「取材というか、ご機嫌うかがい、みたいなもんよ。特に何でもない時に、家に行く。鶴代さんの案内で、牧野さんの枕元に行った。もうそのころは、ほとんど言葉が出んかったねえ。ただ土佐の民謡をつぶやくように歌ってくれたことは覚えちゅう」

橋井さんら東京支社の記者たちは病床にある牧野の様子をたびたび紙面で伝えた。1956年9月15日「敬老の日」には、こんな記事を掲載した。見出しは〈ヤンチャをこねる牧野さん／採取に行きたい〉とあり、牧野の肉声を伝える。

〈今年は九十四歳になりました。もうあと六つで百になりますがそこまでゆけたら結構だと思っています。植物採取に方々へ行きたいと思っていますが、この足では行けぬらしいです。足はピンピンしよりますがね。歩くことができません。しかし大丈夫じゃと思うています。だから鶴代にもデパートで車を買うてくれ、といいよります。そうしたらどこへでも行けますからね……。さあいつまで長生きできるか、百まで生きたいもんじゃと思いよりますがねエ……〉

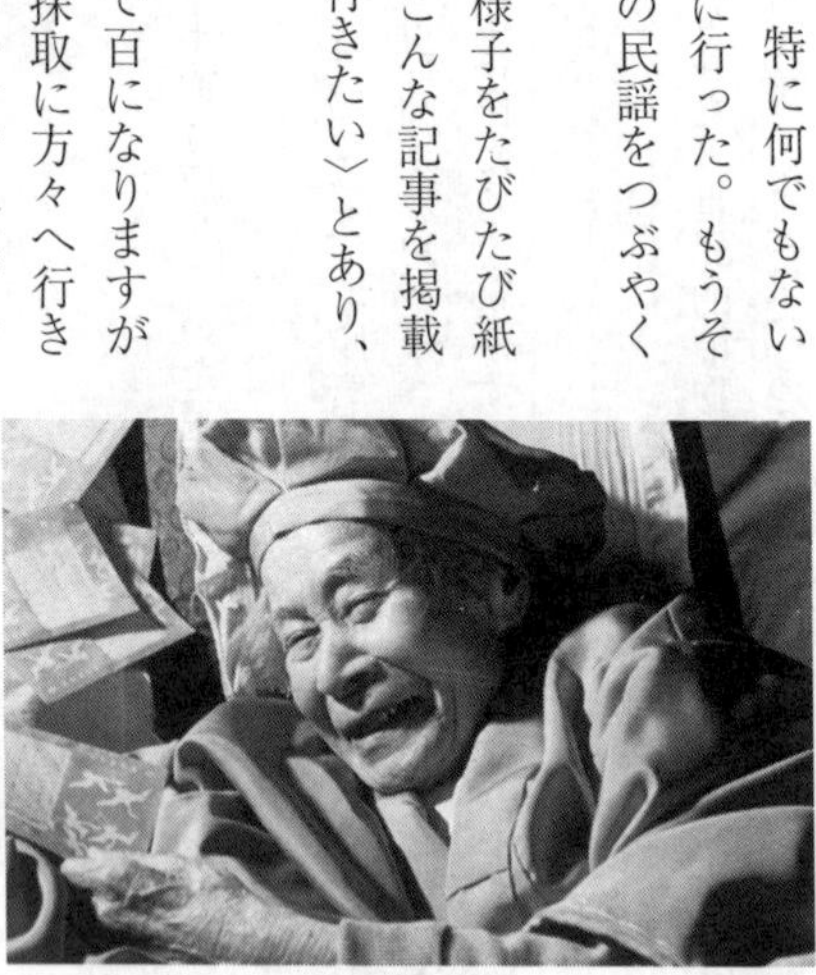
晩年の牧野

牧野の植物採集会に参加したことのある人は「東京の言葉でした」というが、故郷の記者に語る言葉には土佐の言い回しが残る。

◆◆◆

このころ「牧野富太郎」を芝居に、という話が持ち上がった。島田正吾らを看板スターとする「新国劇」の演目としてだった。橋井記者は鶴代さんに「新国劇の方がいらっしゃるので、参考になる話をしてあげてください」と頼まれた。

牧野の自宅の縁側で、新国劇の台本作者兼演出家という人物に橋井記者は向き合った。その名刺には「池波正太郎」とあった。

植物を愛した幸福

「牧野さんが死んだらしいぞ」

急報があった。

高知新聞東京支社の記者だった橋井さんは走った。新橋に新聞社がチャーターしている自動車の車庫があり、そこを目指した。一報は誰から、いつあったのか。橋井記者は思い出せない。しかし、まだ夜は明けていなかった。練馬にある牧野富太郎の自宅に駆けつけて中に入った。病床にあったストーブが、あかあかと燃えていたことを鮮明に覚えている。

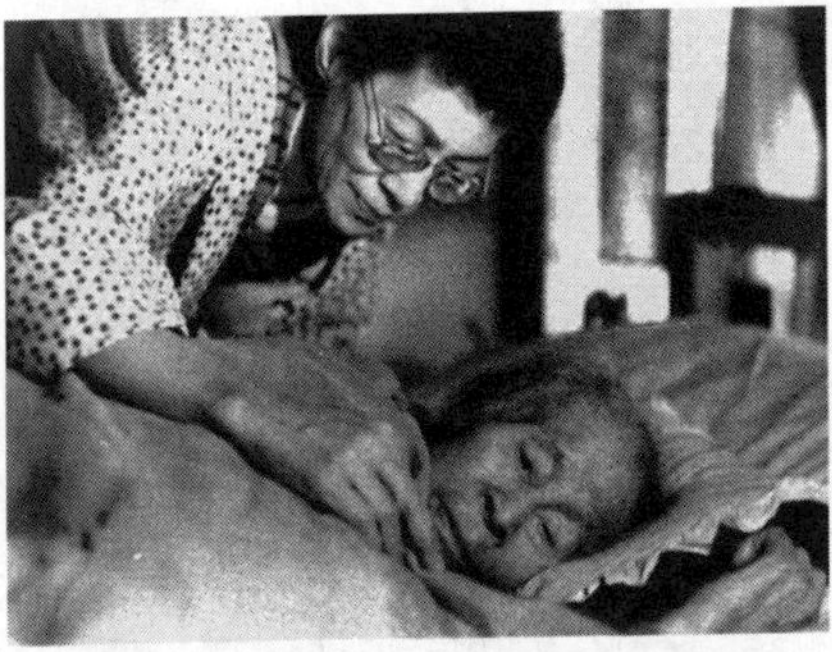

亡くなる16日前の牧野。病床で次女鶴代さんの看護を受ける（1957年1月2日、橋井昭六さん撮影）

◆◆◆

牧野は1957（昭和32）年の正月を迎えた。同年1月4日付の本紙は〈イヤホーンで除夜の鐘／迎えた95才の春／食欲でた不死身の牧野翁《おう》〉という見出しで、橋井記者の記事を掲載した。

いよいよ病状は前年夏ごろから深刻なものになっていた。7月には昭和天皇から魔法瓶に入れられた見舞いのアイスクリームも届いた。12月、急性心不全。それでも植物の写真を見たりするので、主治医は疲労を防ぐために睡眠薬を投与した。

除夜の鐘はイヤホーンで聞いた。そして迎えた正月は、やや症状が落ち着いた。用意した土佐風のお雑煮は食べることはできなかったが、メロン、冷凍牛乳、アイスクリームを口にできた。

1月17日午前5時半、容体の急変を受けて東大の主治医が自宅に駆け付けた。正午には「もう30分か1時間しかもたないでしょう」と診断されるが、牧野の生命は翌日を迎える。

主治医は「このごろは翁《おきな》の底知れぬ生命力にまどわされて自分の診断までおかしくなりそうだ」と話した。

1957年1月18日午前3時43分、牧野富太郎の命が尽きた。

〈頭上には翁が一ばん好きだったという故郷土佐のヤマモモを描いた日本画の額、そしてまわりには、死の瞬間まで手放さなかった植物学の参考書がうずたかくつまれている。病室を暖めていたストーブの火はかたわらでまだ赤々ともえつづけているが、もうこの部屋のあるじはかえってこない。庭先には亡き寿衛《すえ》子夫人の名をとったスエコザサがいてつくような武蔵野の冬空にふるえていた〉（1月19日付高知新聞）

亡くなった日の午後、故郷佐川町の佐川中の3年生3人は、牧野の霊前に飾るためのバイカオウレンを採集した。牧野の生家近くの金峰《きんぷ》神社の境内で花を咲かせていた。町内の各学校は授業前に生徒児童が黙とうを捧《ささ》げた。佐川小では牧野の銅像の清掃も行われた。

高知市五台山にある県立牧野植物園は、亡くなる4日前から着工していた。生前の牧野は植物園建設を喜び、要望も伝えていた。「特種な植物以外に産業、経済に関係ある多くの植物を植えてもらいたい。そして観光客に好まれる植物園にしてもらいたい」

東京都は牧野の植物標本館を建設するための予算を2月都議会に提出することを決めた。

国は死去の1月18日付で、文化勲章を贈った。

〈私はようこそ生まれつき植物に愛を持って来たものだと、またと得がたいその幸福を天に感謝している次第である〉（牧野「植物知識」）

没後に出版された牧野新日本植物図鑑〈1961〉の巻頭を飾ったヤマモモの原色図

「親の味」を知らない

牧野富太郎は、3歳で父、5歳で母、6歳で祖父を失った。

そのせいか、牧野の「偉人物語」は〈富太郎は孤独を癒やすために植物の観察や採集に熱中した〉といったように幕開けすることが多い。しかし本当に、孤独な境遇が植物への異様な熱中を生んだのだろうか。寂しさをまぎらわせるためでもあったのか。どうも、そうとばかりは思えないのだ。

「自叙伝」にこう書き残している。

〈父の顔も、母の顔も記憶にない〉

〈親の味というものを知らない〉

そもそも牧野は両親の愛そのものを知らない。孤独というのは、孤独じゃなかったひとときがあるから、感じるものではないか。

親のいなかった空虚を植物たちが埋めたのでしょうか？　もし、牧野がそんな質問を受けたならば、

牧野植物園の正門に至る緑のアプローチ。高知の植物生態を再現している（高知市五台山）

こう答える姿が浮かんでくる。
「いや、生まれながらに植物が好きだったとしか言いようがありません」と。

牧野は生後直後から、家が雇った乳母に世話をされている。幼少の最も古い記憶は乳母に背負われて見たわらぶき屋根の風景、と自叙伝にある。乳母は隣村の越知村から来ていた。わらぶき屋根は乳母の実家のものであった。

乳母がいなくなってからは、祖母の浪子が牧野の身の回りの面倒も見ることになる。

◆◆◆

高知市五台山の県立牧野植物園で2013年春、「五台山花絵巻」なるイベントが行われていた。皿鉢に見立てた大きな花壇に色鮮やかな花が咲き誇る「花皿鉢」という趣向であったが、そのそばに高さ約2㍍《メートル》もある銚子《ちょうし》のモニュメントが置かれていた。それが観光客たちの注目と笑いも誘っていた。

「植物園にもお酒かあ、高知らしいね」

巨大銚子には「菊の露」と書かれている。造り酒屋と雑貨店を営んでいた牧野の実家「岸屋」が造っていた酒の銘柄である。一体、どんな味の酒だったろう。牧野は日本酒を好まなかったというけれど。

◆◆◆

早くに両親を亡くした牧野に兄弟はいなかった。岸屋の跡取りとして大事に育てられた。さまざまな贅沢《ぜいたく》も与えられた。当時は高価で珍しかった時計も、牧野の望みで購入されている。なぜ時計が動くのか。牧野少年は納得いくまで分解を試みた。ドイツ製のオルガンも購入された。植物学者になることを決めた東京旅行も贅沢の一つである。

20歳を過ぎて東京に出てから、裕福な実家は没落して仕送りは途絶える。その貧乏生活を支えた妻寿衛《すえ》の苦労を「仙台」の章で書き、牧野の莫大《ばくだい》な借金を肩代わりした篤志家の存在も「神戸」の章に書いた。

しかし、結局のところ、牧野はいつも買いたいものは買ってきたのだ。お金がある時も、ない時にも。

〈もし父母の膝下《しっか》で、いろいろと注意や干渉を受けながら育ったなら、きちょうめんな社会人、常識人として、世俗的な社会的成功人牧野富太郎が生まれていたかもしれないが、当時の社会人が想像もしなかった世界に突入し、思うがままに天分を伸ばした一世の碩学《せきがく》牧野富太郎博士は見られなかったかもしれない〉（上村登《みのる》『花と恋して』）

最終章では、故郷の高知県佐川町を歩きながら、その幼少期をたどる。そして、牧野が現代に残したものを考えたい。

金峰《きんぷ》神社の急な石段

牧野富太郎の気配がする。利尻、仙台、東京、神戸、屋久島…。その足跡をたどる旅の中で最も濃密な気配であった。

錯覚。それもあるだろう。上っている石段は、牧野の生家そばにある金峰《きんぷ》神社の参道である。それを知っているから、気配を感じとることができる。錯覚を楽しめる。

1862（文久2）年4月24日、現在の高知県高岡郡佐川町に生まれた。150年の歳月は町の景観を大きく変えたが、金峰《きんぷ》神社の石段は当時のままだ。

5月初めの涼風を受けながら、私は石段を上っていた。新緑の美しい季節に宿命のような生を受けたんだな、と思う。石段の長さはわずかなものだが、なかなかの急登だ。ここは牧野が日本全国の山野を歩くための訓練場にもなったような気がした。

神社への石段は生家の目と鼻の先にあり、家の裏庭のような感じだ。樹木に覆われた石段は薄暗く、その行き着く先の境内でようやく開け、陽光が差し込む。参道の薄暗闇を抜けて明るい境内を目指したい―そんなふうな、上らざるを得ない雰囲気に満ちている。

幼い牧野の最初の山登りは、金峰《きんぷ》神社のそれであったと思わないではいられない。そして繰り返し、繰り返し、登った。

早春、石段脇に可憐《かれん》な白い花が咲く。

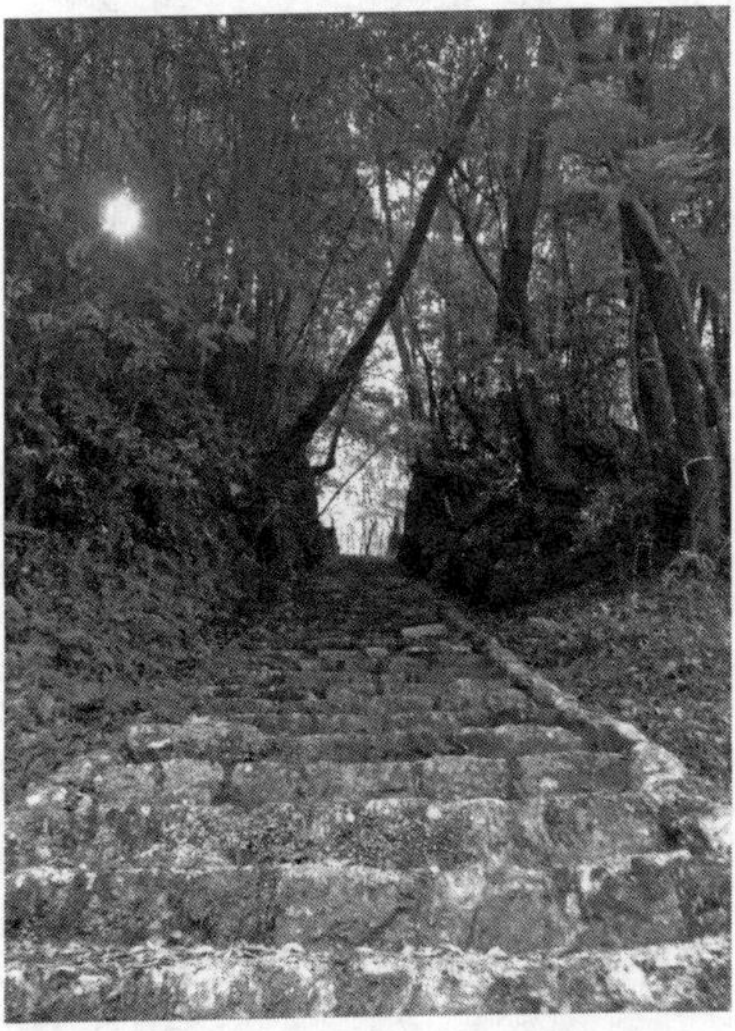
牧野の生家そばにある金峰神社への石段
（高知県佐川町甲）

牧野が生涯愛したバイカオウレンである。

佐川では早春の2月ごろに花を咲かせる。今、参道に花はないが、高知県立牧野植物園のロゴマークともなっている葉は見つけることができるだろう。石段と同じように、これも往事と変わっていないものだ。

◆◆◆

生家は取り壊されて今はなく、記念碑だけがあった。そこに、2013年4月24日、生家を復元した施設「牧野富太郎ふるさと館」がオープンした。愛用していた顕微鏡、植物採集のためのはさみ、根掘りなどの遺品が展示室に飾られている。植物図を描いた画材もある。牧野は道具に凝り、愛用した。

〈採集地に置き忘れてきた剪定《せんてい》ばさみや根掘りを、夜中にわざわざ汽車に乗ってまでして、取りに戻った〉

そんな説明文も添えられている。

同町の造形作家、栗田真二さん(63)が制作した生家「岸屋」の模型も展示されている。残っている「岸屋」の写真を基にして、忠実に再現された。牧野の自室は2階にあったのでは、と栗田さんは推測する。「岸屋の看板が掛けられた2階の部屋に住んでいたんじゃないでしょうかねえ…」。建築模型の作者としての直感のようなものだ。栗田さんの案内で「ふるさと館」の2階に上がった。

木枠の窓を開き、通りを見下ろした。

変わるもの、変わらないもの――。そんなふうなことを考える。

◆◆◆

金峰《きんぷ》神社の西参道入り口に、長方形の石鉢に水を張った「手洗い石」がある。幕末から明治にかけ、ある遊びが子どもの間で流行した。赤みを帯びた石を探してきて、手洗い石でこする。すると水は茶色のように変色した。ただ、それだけのことだ。

牧野もこの遊びに興じたと言われ、こすった跡は今も残る。牧野は大人になってこの痕跡を眺め、無邪気な時間を思い出した。

佐川山分《さんぶん》 学者あり

小学校中退で、東大の博士になった。

牧野をめぐって、愉快、痛快に語られるエピソードの一つだ。牧野には奔放なイメージもある。しかし、子ども時分の様子を見ると、ただ奔放であったというわけではない。

〈この佐川町から多くの儒者が出たのは、ここに名教館《めいこうかん》という儒学つまり漢学を教える学校があり、古くから教育をやっていたためである。佐川には儒者が多く出たので「佐川山分《さんぶん》学者あり」と人がよくいったものである。山分《さんぶん》とは土地の言葉で山がたくさんあるところの意である〉（自

叙伝〉

牧野は10歳で寺子屋に通い、習字を学んだ。翌年、伊藤蘭林が主宰する塾で漢学や算術などを教わり、その後、名教館《めいこう》に通うようになる。

江戸時代。佐川の領主だった深尾家は教育に力を注いだ。1772年に開校した名教館《めいこう》はその拠点で、家臣の子どもたちが学んだ。土佐藩において、名教館《めいこう》は指折りの名門校であったという。やがて学校は武士だけでなく町人にも開放される。牧野はそこに入学したのだった。当時、町人の学生は二人。もう一人の町人は「山本富太郎」という名だったという。

時代は明治となり、名教館《めいこう》で教える内容も変わっていく。漢学から、地理や天文、物理といった最新の学問になっていた。さらに、牧野は英語塾にも学んだ。

〈高知から英語の先生が二人雇われてきた。その中の一人を長尾長といい、他の一人を矢野矢といった。二人とも似たような名の先生であった。この二人の先生はＡＢＣから教えてくれた。だから私はかなり早くから英学を習った〉（自叙伝）

トサシモツケ。高知県と徳島県の固有種。四万十市で採集した標本をもとに牧野が学名を発表した（高知県立牧野植物園）

佐川で英語になじんだ、ということは大きな意義があった。訳書を待たずに原書を読むことができた。佐川という辺境の地から、英語を通じて世界を見ることができた。牧野が英語を学び始めたのは11歳のころと考えられる。後年、牧野は新属や新種の植物を論文で発表し、そのほとんどを英文で書いている。英語で書かれた蔵書もおびただしいほど残されている。

◆◆◆

明治政府は旧来の学校を改め、佐川町には1874（明治7）年、佐川小が開校した。12歳の牧野も入学した。日本語の読み書きはもとより、漢学、英語、算術、最新の科学などを学んだ後のことである。五十音を学ぶことから始まった小学校の授業は、牧野には退屈で苦痛なものであっただろう。時間を無駄にしている、そう思わないではいられなかった。

小学校は上等8級、下等8級の16級の区分けがあった。臨時試験もあり、上級に早く進むこともできた。

〈私は明治九年頃、せっかく下等の一級まで進んだが、嫌になって退校してしまった。嫌になった理由は今判《わか》らないが、家が酒屋であったから小学校に行って学問をし、それで身を立てることなどは一向考えていなかった。小学校を退いてからは本を読んだりして暮らしていたらしいが、別に憶《おぼ》えていない〉（自叙伝）

小学校中退の内実は、そんなふうなことであった。面白いことに、牧野はそれからすぐに「小学校の先生になってくれ」という依頼を受け、「生徒」から「先生」になるのだった。

バイカオウレンの群落

冬の底から抜け出して、春へ向かう緩やかな坂を登る——。高知県佐川町の2月下旬は、そんなふうな季節だった。行きつ戻りつの寒さを感じながらも、日々着実に春へ進んでいる。牧野がこよなく愛したバイカオウレンの花の盛りとなる時季である。

眼前にバイカオウレンの群落があった。

「えい時に来たね」

高知県立牧野植物園の稲垣典年《のりとし》さんも満足そうに話す。あと1週間も遅かったら、こんなに見事な花を見ることができなかったかも、と言う。佐川の山野を稲垣さんと歩きたいと思っていた。前年の冬、植物園で会ってお願いした。じゃあバイカオウレンの時季に、ということで決めた日程だった。稲垣さんの開花予想はぴたりと当たった。

これほどにバイカオウレンの群落を見たのは初めてのことだった。稲垣さんの知人の山の、とっておきの場所であった。その真っ白で可憐《かれん》な花は半日陰を好んで咲くから、秘密の花園に出合ったような気がするのだった。

〈私は生まれながらに草木が好きであった。故《ゆえ》に好きになったという動機は別に何にも無い。五、六歳時分から町の上の山へ行き、草木を相手に遊ぶのが一番楽しかった。どうも不思議なことには、私の宅では両親はもとより誰《だ》れ一人として草木の好きな人は無かったが、ただ私一人が生まれつき自然にそれが好きであった。それ故に私は幼い時から草木が一番の親友であったのである〉（自叙伝）

牧野がこよなく愛したバイカオウレン（高知県佐川町の金峰神社）

稲垣さんとともに、佐川の山野を案内してくれたのは竹田恒夫さんだ。竹田さんは島根県の出身で、土木コンサルタント会社の技術士として高知支店に赴任してきた。牧野富太郎を敬愛して植物を愛する竹田さんは、葛藤を抱えて仕事をしている。橋や道路を設計すれば、そこにある土地の植物が駆逐されるのだ。

「植物は逃げることができないんですよ。ルート上に貴重な植物があれば、私たちがそのルートを変えなければいけない」

そうした思いの中で、専門家として相談に応じてくれたのが稲垣さんだった。

「もう15年ぐらい前になりますかね。植物のことを聞いたら、何でも知ってるし、懇切丁寧に教えてくれるんです。ほれました。あははは。平成の牧野富太郎なんだな、稲垣さんは」

稲垣さんは牧野の本拠地となった東京の小石川植物園などの勤務を経て、1970年から牧野植物園に勤務。今も同園の嘱託職員だ。県内の植物を熟知する第一人者である。

稲垣さんは今、土木の技術者とタッグを組んで佐川町にさまざまな提案をし、それが実現している。牧野が採集やスケッチを行った場所、今も面影を残している塾への通学路などを巡る町内の散策ツアーも行い、好評を得た。牧野の好物を集めた弁当を開発し、牧野ゆかりの町内の植物を植える牧野公園再生計画も進んでいる。

「富太郎の原点はフィールドなんですよ。それを多くの人に知ってもらいたい。佐川はその聖地ですから」と竹田さんは話す。

死後の大きな宿題

牧野の死後、大きな宿題が残された。40万点に及ぶ植物標本の整理である。これまで書いてきたように、牧野の植物標本のほとんどは

ヨコグラノキ。牧野が1884年に越知町の横倉山で発見して、命名した（高知県立牧野植物園）

新聞紙に包まれただけの状態だった。極端な言い方をするなら、そのままの状態であれば、これら牧野標本は「がらくた」であった。

植物標本は、適切な乾燥保存処理を施した植物本体を台紙に貼り、採集者、採集場所などデータを明記することによって完成する。そして、その標本群を分類しなければならない。必要とする研究者たちがいつでも見られるように整理棚に置かれてなければ、標本は用をなさない。

牧野の莫大《ばくだい》な借金を帳消しにするためにこの標本を買った神戸の資産家、池長孟《はじめ》のことを思い出してほしい。彼が設立した神戸の池長植物研究所には、植物標本というよりも、「植物が包まれた大量の古新聞」が持ち込まれた。その光景は、さながら古紙回収業者の保管庫のようであった。

古新聞の束を「標本」にするには、一体どれぐらいの時間がかかるのか。これはどうしようもない。植物

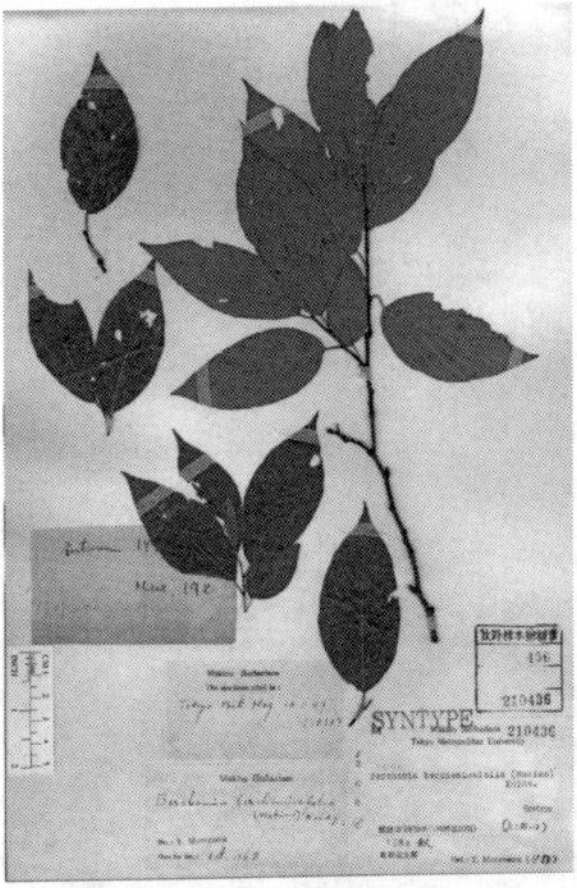

ヨコグラノキ：左は東京都立大学牧野標本館所蔵のタイプ標本の一つで1884年に採集されたもの。右は牧野日本植物図鑑増補版〈1956〉の原図

学は素人だった池長もため息をついたに違いない。

植物を包んだ新聞紙に、植物名や採集地などを牧野が走り書きしていた。若い時から高名な植物学者だった牧野の元には、全国各地の愛好家から植物標本が送られていた。

高知県立牧野植物園の研究員、田中伸幸さんは「40万点のうち10万点ぐらいは地方の研究者や愛好家たちから送られてきたものでは」と推測する。この標本は牧野自身が採集したものなのか、他人の採集によるものなのか。それを知るのは牧野ばかり、というものもあった。

本来なら、牧野の存命中に「植物標本」を完成させなければならなかった。

◆◆◆

ところで、40万点というのはどれだけのボリュームだろうか。愛好家から送られてきた標本の鑑定作業も含めて考える。牧野の植物採集は60年間に及んだと想定し、単純な割り算をすれば、1年に約6600点、1週間に約126点、1日に18点ずつ、標本は増えていったことになる。採集に毎日出掛けたわけでもないから、1日当たりに増えた実際の標本数は、この計算以上に多かったはずである。採集を終えた日、牧野は植物を処理して新聞紙に包み込む作業を深夜まで続けたという。

超人的なペースだ、と田中研究員も考える。

「生涯で8万点を集めたという植物学者の記録もありますが、それと比べてもはるかに多いですからね」

1957（昭和32）年1月、牧野は亡くなる。

死後、牧野標本の整理作業が本格化した。

1958年に遺族が東京都に標本を寄贈し、東京都立大学に「牧野標本館」が建設された。総工費2200万円をかけた鉄筋コンクリート2階建ての立派な建物だった。標本を永久保存するための湿度・冷暖房装置も備えられた。これらは当時、米ハーバード大学に次ぐ最新設備であった、という。

しかし、「主」なき植物標本の整理は難航を極めた。

まずは標本清掃から

牧野の年譜を眺めていて、たびたび思うことがある。

せめて、あと1年の命が彼にあったらな、と。

高知県立牧野植物園、東京都立大学牧野標本館、練馬区立牧野記念庭園の三つの施設がオープンしたのは1958（昭和33）年。死の翌年のことなのだ。郷里にできた念願の植物園、自らの植物標本を整理保管する施設の完成、それらを見届けたかったであろう。

◆◆◆

都立大に収められた標本は、牧野が亡くなる5年ほど前から国が整理を始めたものだった。文部省は1951年、「牧野博士標本保存委員会」を設置する。そのメンバーの一人に、高知市出身の植物学者がいた。東大植物学教室で牧野の教えを直接受けた故伊藤洋さん（1909〜2006年）である。伊藤さんは1985年の高知新聞のインタビューで、こんなふうに語っている。

―牧野博士のコレクションの整理は、伊藤先生が中心になって作業されたんですね？

「中心ではないですが、段取りは私がしました。牧野先生は植物を採集し、研究し、論文を書くと、後の標本はカスだというお考えのようでしたから、どんどん束ねて新聞にくるむと、『標品館』の天井まで積み上げてあった。ネズミの巣がいっぱいありましたよ」

カス、というのは言い過ぎなのかもしれないが、無造作に置かれていた様子は伝わってくる。伊藤さんはシダ類を専門とし、ほかにも一線で活躍している植物学者たちが集められていた。「標品館」は牧野の自宅内に建てられたもので、作業はすぐ隣にあった夏休み中の小学校を借りて行われた。まずは植物の「科」の分類からスタートした。40万点の標本である。これだけでも暑い時期の大変な作業だったであろう。

そうして死の翌年の1958年6月、当時世田谷区にあった都立大理学部内に牧野標本館が落成し、「科」まで分類された植物標本が運び込まれる。5月末から

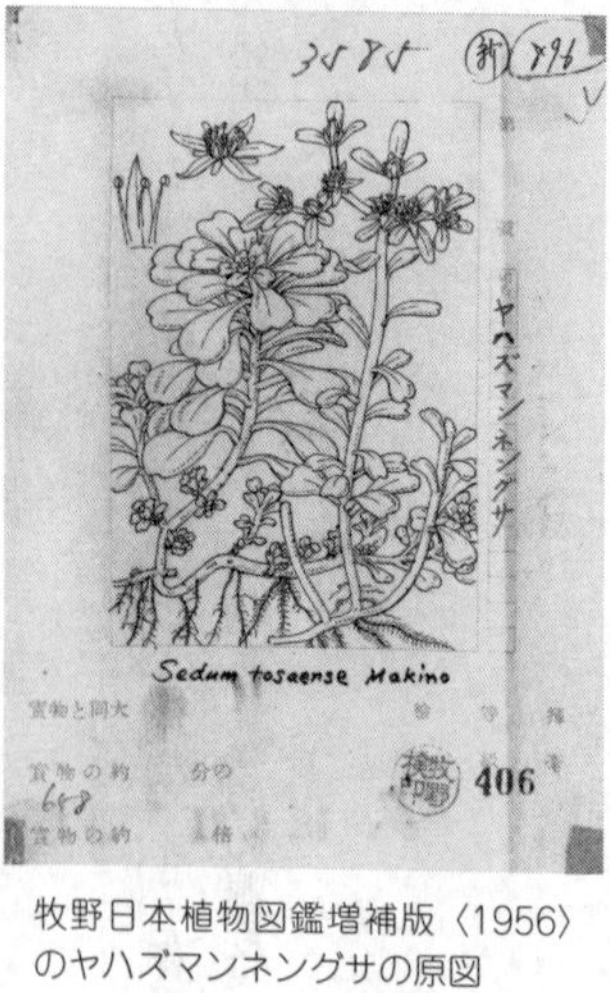

牧野日本植物図鑑増補版〈1956〉
のヤハズマンネングサの原図

の標本搬入には4トントラック延べ10台が出て、アルバイト学生10人が5日間かけて行った。その様子はテレビや新聞などでも大きく報じられた。

◆◆◆

落成式から4年の歳月が流れた1962年。都立大理学部近くで、駒沢オリンピック公園建設工事の槌音《つちおと》が響いていた。東京五輪を2年後に控えたこの年、25歳だった山本正江さん(76)は都立大理学部の門をくぐる。

牧野標本館は鉄筋2階建ての立派な建物だった。山本さんはここでアルバイトをしようと思った。その面接のため、呼び出しブザーを押すと、思いのほか大きな音が鳴って、びっくりしたことを覚えている。

牧野は職人的ともいわれる手際の良さで、見た目にも美しい植物標本を作っていた。しかし、保存場所が良くなかった。標本整理の臨時職員として採用された山本さんが見たのは、長い歳月を経て、ほこりにまみれていた標本だった。

牧野標本を「清掃」することから、山本さんの仕事は始まった。この時は、まさかこの標本整理を40年も続けることになるとは思ってもいなかった。

ヤハズマンネングサ。牧野が高知県佐川町斗賀野で採集して命名。高知と徳島だけに分布する固有種(高知県立牧野植物園提供)

標本を死なせるな

牧野が残した40万点におよぶ植物標本の整理が本格化した。

東京都立大学の牧野標本館のアルバイトに採用された山本正江さんの最初の仕事は、標本のごみ掃除だった。標本は40万点と言われていたが、正確に数えた者はいなかった。標本を包んでいる新聞紙の束は数えた。そして、1束に150～200点の標本があるだろう、と導き出された大まかな数であった。

標本館の保管庫は、新聞の束でぎっしり埋められていた。山本さんら5、6人のアルバイトや職員は、植物が包まれた新聞紙を一つ一つ開き、刷毛《はけ》で丁寧にごみを取った。きれいな状態の標本もあれば、虫に食われて破棄せざるを得ないものもあった。傷みのひどい新聞紙は新しいものに変えながら、防虫剤となるナフタリンを入れて包み直した。

朝から夕方まで、慎重を要する単調で根気のいる作業が続いた。

◆◆◆

標本掃除の次はラベルの作成だった。植物名、採集地、採集日、採集者などを書き込んだラベルを新聞紙に入れていった。これも簡単な作業ではない。とりわけ困難だったのは採集地の確定であった。牧野が新聞紙に書いていたのは「紀伊高野山」「摂津六甲山」といった大まかな場所で、それを現在の行政区画に当てはめる必要があった。古い地名のみ記されているものの中には、市町村合併なども経て見当がつかなくなっているものもあった。

場所を探り当てるために有効な手掛かりになったのは、植物を包んでいる古新聞であった。その多くは当地の地方紙。新聞の日付から、採集日の大体の日時が判明することもあった。

山本さんは、このラベル作成に熟練した。身分もアルバイトから正式な職員となった。

「ラベル作成のために英文タイプも習いました」

古い地図などを調べても、どうしても分からない地名があった。各県の市町村に手紙を出し、古い地名を問い合わせた。その県の出身者がいれば、地名のことを聞いた。植物標本にとって採集地が確定できないことは致命的なことであった。それだけに、やっと地名が判明したときには「標本が生き返った」とうれしくなった。

「それでも分からない地名が残るんです。同名の地名が全国にある。そして、この標本が本当に牧野先生の採集品か、という疑問も出てきました」

牧野と親密だった植物愛好家に田代善太郎（1872～1947年）という人がいた。彼は植物採集の記録など詳細な日記を残していた。そこには牧野の名も出て来る。山本さんは日記

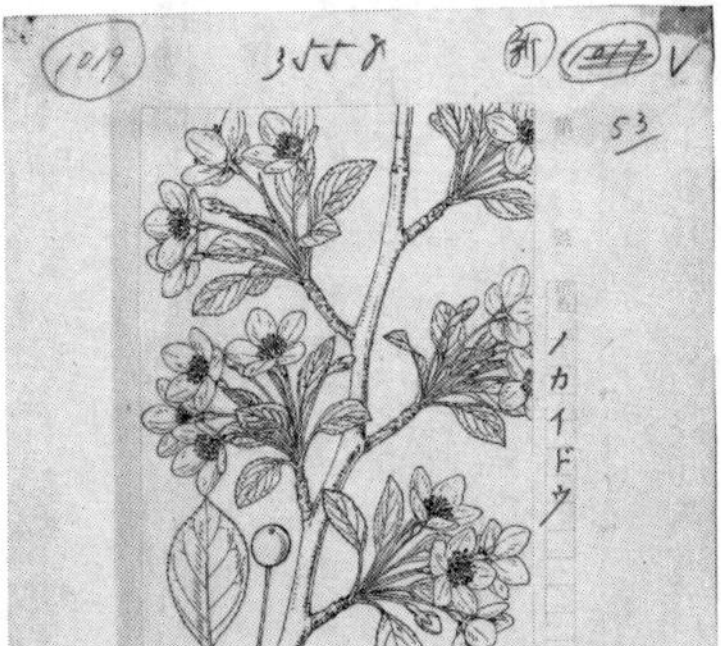

ノカイドウ：牧野日本植物図鑑増補版〈1956〉の原図。九州霧島山のみ自生。牧野が命名した

が本になって出版されていることを知って、すぐ買い求める。それによって牧野の採集行動も判明し、欠かせぬ資料となった。

ある日、職場の同僚が「これ、山本さんの仕事に関係あるのでは？」と資料を見せてくれた。「私が必要としていたものはこれだ！」と思った。

資料は高知県立牧野植物園の牧野文庫図書目録であった。その中に牧野自身の日記があった。アルバイト面接から23年後の1985年3月、牧野植物園へ出張することになった。

標本と対話した40年

「私の求めていた資料がたくさんある」

東京都立大学牧野標本館の職員だった山本正江さんは1985年、高知市五台山の県立牧野植物園を初めて訪れた。そこには牧野富太郎の膨大な蔵書に加え、牧野の日記やメモも収蔵されていた。

山本さんは、それまで20年以上をかけて牧野が残した40万点もの植物標本の整理作業をしていた。標本には簡単なメモしか残されていないことも多く、とりわけ「採集地」の確定に難儀していた。

牧野文庫の中で、山本さんは感動に震えた。不明だった牧野の行動が日記から判明し、採集地の確定にもつながっていった。日記の持ち出しやコピーはできなかった。山本さんは必死に書き写した。しかし、山本さんに特例的に許された出張期間は2泊3日しかなかった。全部を書き写すまでの時間は到底なかった。

大学に戻って事情を説明した。山本さんの熱意もあって、大学側は高知での調査継続を認めた。そして山本さんは何度も牧野文庫を訪れ、資料を筆写した。

「空港まで送ってあげるから、時間の許す限り写していきなさい」と当時の池本寛水園長は心を配った。

◆◆◆

牧野植物園の研究員、田中伸幸さんは、都立大学牧野標本館に在籍する大学院生だった。そこで標本整理の大ベテランになっていた山本さんと出会った。

田中さんは、牧野植物園で仕事を得た後、牧野富太郎に関するさまざまな質問も受けることになった。この植物はいつどこで発見したのか？　牧野先生は当地を何度訪れているか？　田中さんは牧野の詳細な「行動録」を作る必要性を感じていた。山本さんも同じ思いだった。

そして2人が編者となった「牧野富太郎植物採集行動録・明治大正篇《へん》」と「昭和篇」の2冊が2004、2005年に刊行された。牧野植物園と牧野標本館にある資料や独自調査も含め、牧野の生涯にわたる「行動」を分かる限り1日単位で編み上げた労作だ。本書を書くためにも不可欠な資料になった。

ヒメキリンソウ。四国山地の固有種。ロシアの植物学者マキシモヴィッチが学名を付けたのと同時に牧野が和名を発表した（高知県立牧野植物園提供）

牧野が残した標本の整理は、今も東京都立大学の牧野標本館で続いている。作業はほぼ終わりを迎えているが、まだタケやササ類の一部を残している、という。

山本さんは2002年に退職した。牧野標本の整理に40年間、従事した。牧野標本との40年におよぶ「対話」の日々であった。植物にも詳しくなった。和名より先にラテン語の学名が思い浮かぶようにもなった。

「採集場所も分からない標本は価値がない、と言われてきたんです。牧野先生が命懸けで集めた標本でしょう。この標本を生かしたい。そんな信念ですね。標本の方からも、生かしてくれ、という声がするのを感じた」

「私は専門家じゃないし、学歴もありません。でもね、牧野先生からマンツーマンで植物のことを教わったような気がしているんです。先生のおかげで、人生を楽しく暮らせています」

庭にしゃがむ曽祖父

牧野の死の翌年（1958年）、東京都練馬区東大泉の自宅が区立の「牧野記念庭園」となって開放された。そこにある展示館は2010年にリニューアルされたばかりだ。設計は、高知県立牧野植物園も手掛けた著名建築家の内藤廣さんが担った。

牧野が寿衛《すえ》と所帯を持ったのは26歳の時だった。東京・根岸の借家から始まって、引っ越しを繰り返した。それは30回にも及ぶという。そして64歳にして、ようやく構えた持ち家が東大泉の家だった。その2年後、寿衛《すえ》は亡くなった。牧野は94歳まで生きて、この家で息を引き取った。2人のついのすみかである。

記念庭園の学芸員、牧野一淳《かずおき》さん（67）に園内を案内してもらった。一淳《かずおき》さんは牧野のひ孫だ。生まれた時、牧野は83歳だった。この東大泉の家で一緒に暮らした。夕食時に書斎にいる牧野を呼びに行くのは、幼い一淳《かずおき》さんの役割だった。

「そのころは耳も遠くなっていて、あまり会話はできなかったですね。夕食も黙々と食べていた。肉が好きでしたから、ステーキなんか食べてましたよ。こんなに火を通さなくて大丈夫かな、と思うようなレアだったな。赤玉ポートワインも少し飲んでたかな」

庭を歩きながら、一淳《かずおき》さんが話す。

「僕が庭で遊んでいると、富太郎がすーっと書斎から出てくるんですよ」

この辺りかなあ、と一淳《かずおき》さんが庭の一角を指す。

「そこにしゃがみこんでね、ルーペを持って植物を

牧野と家族の写真。富太郎の膝に抱かれているのが、ひ孫の一淳さん（高知県立牧野植物園所蔵）

じっと見ているんです。半日ぐらいね」

北は利尻から南は屋久島・奄美まで、日本全国の山野を巡った牧野の最後の植物研究の地は、東大泉の自宅の庭であった。そのことを思うと、深く心を動かされた。幼少のころの佐川町の金峰《きんぷ》神社の石段から始まって、この東京の庭で終わりを迎えた。長い旅路のスタートとゴール、だ。

牧野植物同好会の横山譲二さんの話に、私は共鳴した。

「植物を愛するという趣味は、その人の年齢や環境に応じて、それぞれに楽しめるんですよ」

体力のある時期の高山植物、異国の花畑、ハイキングで出合う山野草、散歩で見つける草花、病床に飾られる花々…。牧野はいつだって楽しんでいた。

◈◈◈

牧野の危篤時、見舞いのアイスクリームが届いた。天皇陛下からだった。一淳《かずおき》さんはそれを食べたのだという。「バニラだったかな。もちろんおいしかったと思うけど、まあ、普通の味だったかなあ」。晩年は高知からの客も多かった。「高知の人はねえ、声が大きいんだよ。だから、すぐ分かる」

そんな逸話を聞いているうち、とうに昼食の時間が過ぎていた。「寿司《すし》でも食べに行こう」と誘われ、最寄りの「大泉学園駅」近くの店に行った。

私は一淳《かずおき》さんの容貌を凝視し、声色に耳を澄ませていた。やはり牧野の血を引いているのだ。顔は40～50代の牧野を彷彿《ほうふつ》させ、声もニュース映像で聞いたことがある牧野の軽やかな声に似ている気がする。

「声帯なんかも引き継いでいるんじゃないですか」と問うと、「ひ孫だからさ、もうそんなことはないんじゃないの」と笑った。

一浡《かずおき》さん自身が「牧野記念庭園」の目玉展示でもある、というのは失礼な言い方だろうか。

己を捨て、自然の中へ

牧野は「植物分類学の父」と称せられる。

それではいま、その「子ども」たちは、何をしているのか。

◆◆◆

国立科学博物館の植物研究部（茨城県つくば市）を訪ねた。日本の最前線の植物研究が行われている機関の一つである。ここにいる植物分類学者の門田裕一さんは、２０１２年から２０１３年にかけて本県と東京で催された牧野生誕150年の記念展をコーディネートした。

門田さんは牧野をこう評する。

「土佐から日本の植物学の中枢に乗り込んできて、裸一貫で立ち向かっていきました。日本の植物すべてを世界に向けて明らかにしたい。そのために人一倍の努力を重ねたし、常人では考

「植物研究雑誌」第１号の表紙。1916 年、牧野が創刊し、今日なお国内の植物分類学者によって引き継がれ発行され続けている

えられない集中力を発揮した。彼の一点の妥協もない精緻な植物図を見れば、それが分かります。そして人間的な魅力にあふれていたことを、今回の展覧会を手掛けて肌身に感じましたね」

現代の植物学者は、「植物分類学の父」をどう見ているのか。

「現在から考えても、彼はトップの位置にある学者です。植物分類学のおよそ5割は牧野の業績といってもいい」

この取材で何人かの植物学者に会った。言い方は違っても、彼らは皆、「牧野を避けて自分の専門研究はできない」というようなことを言った。植物学者は例外なく牧野に遭遇する。バッハを知らない音楽家などいないように。

◆◆◆

門田さんは、種の分類が最も難しいとされるキンポウゲ科トリカブト属とキク科アザミ属の分類に取り組んできた。日本国内の両属の種は、半数以上が門田さんの命名で、その権威である。

2013年、東京の国立科学博物館で開かれていた記念展「植物学者　牧野富太郎の足跡と今」の関連企画で、門田さんの講演があった。心を動かされるエピソードが語られた。

2012年2月、門田さんは東京の八王子市で発見したアザミを新種の「ハチオウジアザミ」として発表した。アザミ研究で日本全土をくまなく回った門田さんは、そのアザミが八王子市のある湿地にしかないことを実証した。他のアザミとは微妙な差異しかない。門田さんでなければ分からなかった。その唯一の自生地は私有地でもあった。門田さんの発見によって、保護、栽培されることになったハチオウジアザミだが、もし門田さんの目に留まらなければ…。

「人知れず、ひっそり消えていったかもしれない。そうした希少な植物に和名、学名を付けていくのが私たちの使命なんです」

牧野は生涯、そうしたことを続けていた。

◆◆◆

牧野が残した珠玉の言葉の中から、以下を引いて最終章を閉じる。

〈人の一生で、自然に親しむことほど有益なことはありません。人間はもともと自然の一員なのですから。自然にとけこんでこそ、はじめて生きるよろこびを感ずることができるのだと思います。(中略)自然に親しむためには、まずおのれを捨てて自然のなかに飛びこんでいくことです。そしてわたしたちの目に映《えい》じ、耳に聞こえ、はだに感ずるものをすなおに観察し、そこから多くのものを学びとることです。自然はわたしたちにとって得がたい教師です〉(牧野富太郎植物記)

草の中に座り込んで「祈る」牧野。その脳裏に浮かんでいたのは…(神奈川県川崎市、高知県立牧野植物園所蔵)

「大人物　牧野富太郎」――――いとうせいこう

ベランダ園芸歴二十年弱で数々の草花を枯らしてきた自分にとっても、高知が生んだ偉大な植物学者・牧野富太郎はスターであり、ヒーローである。私は親しみをこめて心の中で「富ちゃん」と呼んでいるのだが、ここではきちんと牧野博士と書きたい。

牧野博士は御存知のように小学校さえ卒業していない身で実践的に植物を学び、発見し、分類し、まさに独学でついに東京大学で教鞭を持つに至る。そのエピソードのみでも奇跡的な立志伝中の人なのだが、おまけにエッセイや伝記などをたどると豪放磊落で親しみやすく、苦労の影を感じさせない。

妻のスエさんの大きな助力の中、極貧のような状態でも牧野博士は植物への情熱を絶やさず、高価な学術書を買ってしまう。子供はどんどん生まれる。家の中は標本であふれる。失礼だが笑ってしまうような生活である。学者としても人間としても破綻とともに高潔さがある。あまりにも魅力的である。

その魅力は昭和の日本人をとらえた。実際、晩年の牧野博士が体調を崩すと新聞は毎日容体を伝え、国民的な関心をひいたのである。まさにスターであり、ヒーロー。牧野博士に匹敵する学者が、例えば今わが国にいるだろうか。ニュースになるばかりではない、国民は牧野博士の体を本気で心配したのであった。

博士が我々に残した大資料『牧野日本植物図鑑』や名エッセイ『植物一日一題』の他に、例えば高知県立牧野植物園などに行くと博士の作った都々逸を読むことが出来る。牧野富太郎はこれまた独学で音楽を身に付けており、楽譜も書けたくらいなのだが、同じ素養でお座敷の余興めいた歌も書けた。「朝な夕なに草木を友にすればさびしいひまがない」などがそうであるが（新聞にふさわしいものを選べば、という話だけれど）、こうした遊びの精神もまた私が好きな富ちゃんの、いや牧野博士の本領だと思う。学者が学問的な言葉ばかりを語るのではない。ユーモラスな口調で隣の庶民に話す。酒宴で浮かれる。周囲がぱっと明るくなる。いかにも高知らしいカリスマがそこにあると言えるだろう。

同じように輝く遊びの精神は、牧野博士が分類し、名付けた多くの植物にもいえる。有名な例は苦労をかけた妻への思いをこめた「スエコザサ」だが、それは美談に属す例であって、私が好きなのは「ウバユリ」だったりする。花が咲く頃に葉が落ちている性質を「歯がない姥」にたとえるのである。牧野博士の命名だ。いわば狙いすましたギャグでもあり、思わず笑ってしまう。

不世出の学者、牧野富太郎は大きな構えを持った人物であった。大き過ぎて学界からこぼれてしまうような人だった。しかし、そういう人が新時代に生まれて来て欲しいと心から願う。牧野スピリッツを持った若者がどこかにいないか、天国の牧野博士も私と同じくきっと目を皿のようにしているに違いない。

（高知新聞・平成24年1月1日付）

牧野富太郎　全国踏査・ゆかりの地マップ

―制作：高知県立牧野植物園
高知県高知市五台山4200－6
☎088（882）2601

私は胴乱を下げ、根掘りを握って日本中の山野を歩き廻って採集した。しかもそれは昔の人とは比べものにならない程頻繁で且つ緻密なものであった。私はこうして実地に植物を観察し、採集している中に随分と新しい植物も発見した。

「牧野富太郎自叙伝」より

◎ 各県名の後の記号・数字は踏査年を表している。M36は明治36年、Tは大正、Sは昭和の略。

ゆ 地図上のこのマークは本編で取り上げた牧野富太郎ゆかりの地を示す。

◎ 岩手県　M23, M38, M42, S2, S3, S4

明治23年の東北初遠征より岩手県には足繁く通っている。岩手には「北の源蔵、南の熊楠」と呼ばれた博物学者鳥羽源蔵がおり、東北の珍しい植物を富太郎に提供し、その中から新種として発表されたものも多い。

岩手の博物学の巨人と称される
鳥羽源蔵
1872 ― 1946

◎ 宮城県　M23, S2, S3, S4

〈宮城ゆかりの地〉

ゆ **スエコザサ発見地**（138 ～ 141ページ）
（仙台市三居沢）
昭和2年、同地で新種のササを発見し、まもなくして亡くなった妻寿衛の名をつける。

ゆ **仙台市野草園**（140ページ）
（仙台市太白区）
東北地方の野草を中心に植栽。

仙台で新種のササを発見
昭和2. 富太郎 65才

健脚家・牧野富太郎

富太郎の全国踏査は沖縄県をのぞくすべての都道府県にわたる。また当時日本の領土であった台湾・満州（現中国東北部）にも出向いている。明治・大正・昭和を通じて、彼ほど足でかせいだ植物学者はいないのではないだろうか。地図上に示した場所および年は、全国踏査のごく一部である。

◎ 北海道　M36, S2

「マキシモヴィッチ氏生誕百年記念会」に出席

昭和２年11月23日、富太郎は北海道帝国大学で行われたこの会で講演を頼まれ、若き日に唯一師と仰いだマキシモヴィッチ博士との思い出を語った。

カール・ヨハン・マキシモヴィッチ
1827—1891

〈北海道ゆかりの地〉

ゆ 利尻山（７ ページ～）

富太郎が植物採集で訪れた最北の地となる。
明治36年８月、山頂を極めた。ボタンキンバイなど命名。

利尻山採集行
明治36.8月.富太郎41才

◎ 青森県　M36, S2, S3

昭和３年９月22日、青森営林署の職員と恐山植物調査の途中、キノコを両手に踊り出し、笑わせる富太郎。

陸奥恐山下にて
恐山から時雨とままよ
両手にかざすキノコ傘
用心すれば雨は来で
光さし込む森の中
やるせないまま傘ふって
踊って見せる松のかげ
その腰つきのおかしさに、
森よりもれる笑い声
道ゆく人は何事と
のぞいて見ればこの姿
牧野結網

キノコ踊り 66才

◎ 秋田県　S2

昭和２年８、９月、青森～秋田各地で植物採集。何ごとも大きなことを好む富太郎は、巨大な葉を持つアキタブキを大変気に入り、「日本の誇り」と絶賛した。

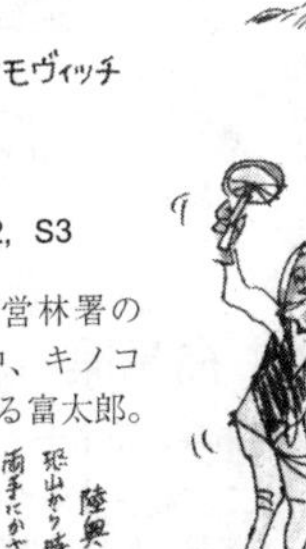

昭和2.8月.富太郎 65才

雹《ひょう》が降り　さんざん穴の
あきたぶき
牧野結網子

◎ 山形県　S2, S5, S6

昭和５年、８月５～８日、酒田営林署の植物調査で鳥海山に登り、うたを詠む。

鳥海山採集
昭和5.8月.富太郎 68才

降りて見て
登りし遠さ　知られけり

もし日光が人間であったら恩人だと思う。日光の植物がどの位我々の植物学の知識を増やしてくれたかわからないほどである。

牧野富太郎

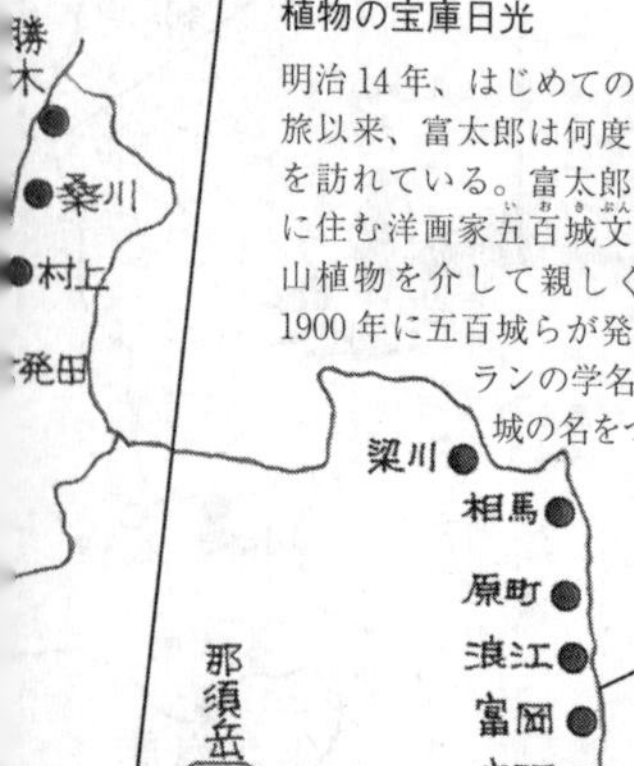

栃木県

M14, M17, M23, M33, M36, M37, M38, M44, T2, T5, T6, T10, T13, S3, S5, S6, S7, S8, S13, S15, S17, S18

植物の宝庫日光

明治14年、はじめての上京の旅以来、富太郎は何度も日光を訪れている。富太郎は日光に住む洋画家五百城《いおき》文哉《ぶんさい》と高山植物を介して親しくなり、1900年に五百城らが発見したランの学名に五百城の名をつけた。

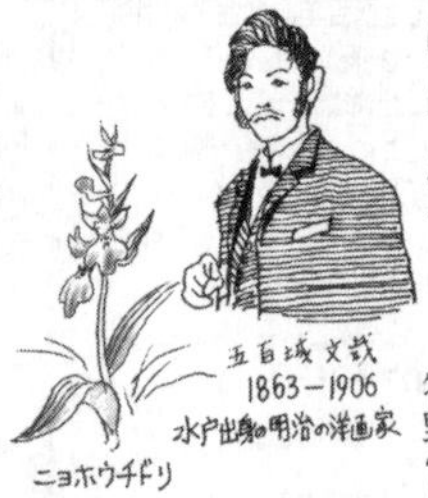

福島県

M23

福島県の花ネモトシャクナゲの命名

福島師範学校で、根本莞爾の助手をしていた中原源治が吾妻山大根森で発見し、根本から富太郎に送られ命名された。後に県の花となる。根本は富太郎と共著で「日本植物総覧」を執筆した。

茨城県

M23, M27, M30, M33, T9, T12, S2, S3, S6, S8, S10, S14, S15, S17

明治23年のはじめての東北遠征の帰り以来、何度も訪れており、特に筑波山は回数が多い。

茨城 筑波山で植物採集指導

「婦人画報」昭和17年5月号
筑波山麓の植物採集（自然に学ぶ）

「植物採集には、絶対愛情が必要である」という言葉で、しめくくられている

筑波山麓にて「婦人画報」の取材をうける
昭和16.3/9. 富太郎80才

◎新潟県　M21, T15, S2, S3, S8, S19

佐渡で植物講習会

昭和8年7月24日、夕方両津港に到着。港から宿へ向かう途中、「西の空　金星光る　佐渡が島」の句をつくる。講習会の参加者は80名と盛況だった。26日はヒメツゲの自生地を訪ね、佐渡鉱山見学では子どものように喜んだ。

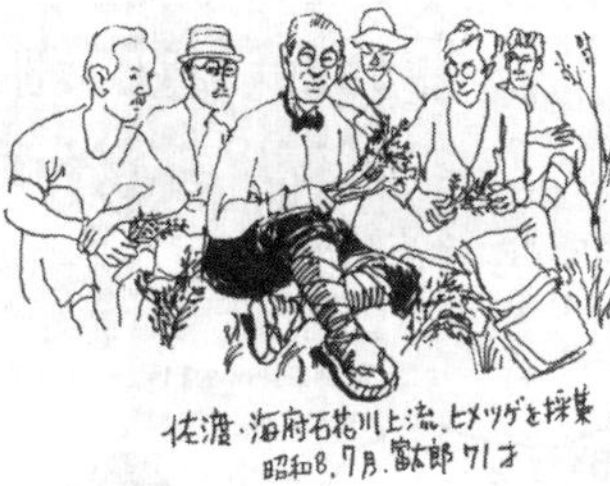

◎群馬県　M19, M21, M41, T1, T12, S11

若き日の清水峠採集

明治21年、26歳の富太郎は清水峠まで出かけ、オオミヤマワラビ、オニシオガマなどを採集した。この時の一ノ倉沢でのアラシグサ採集は谷川岳の植物採集の最も早い記録といえる。

◎長野県　M21, M26, M37, M40, M41, T4, T8, T10, T15, S2, S10, S11, S12, S13, S15

霧ヶ峰での採集会

東京植物同好会は、毎年夏に軽井沢や霧ヶ峰に出かけて採集することが多かった。前日に下諏訪に泊まり、早朝5時頃からバスで出発。シナノキンバイ、ゼンテイカなどが美しく咲く高原を楽しみ、夜の9時頃新宿に戻った。

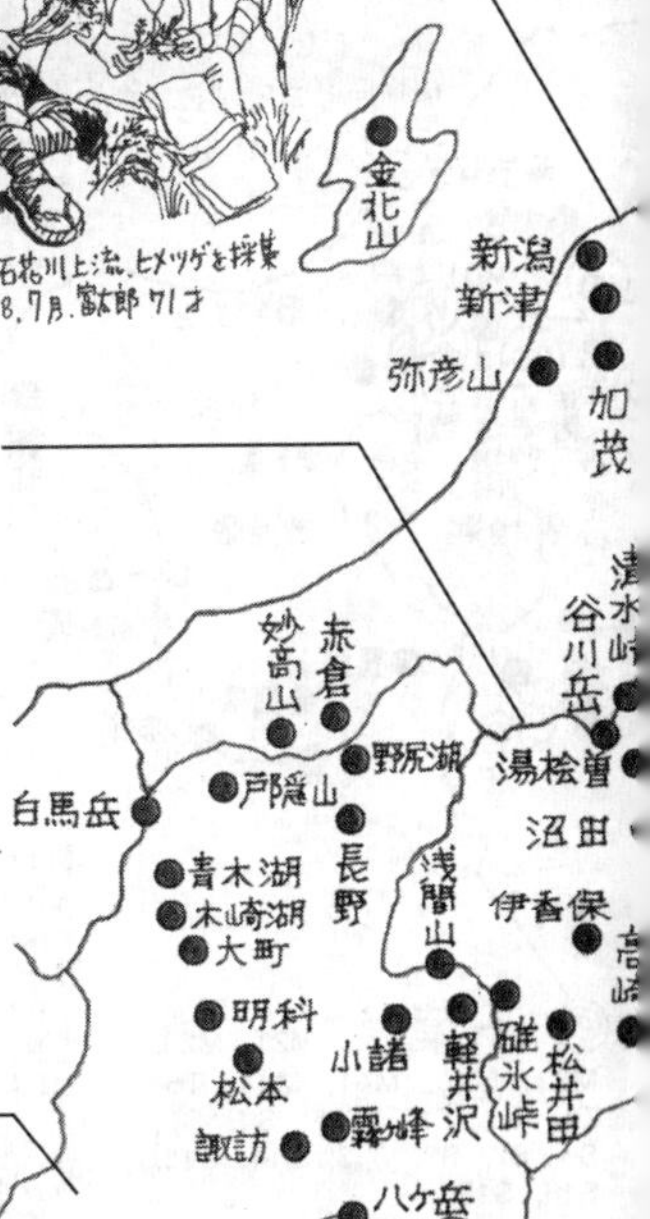

東京都

M14, M17, M19, M21, M23, M24, M26, M32, M45, T2, T3, T4, T7, T8, T9, T10, T11, T12, T13, T14, T15, S2, S5, S6, S8, S10, S13, S14, S15, S18, S19

明治14年の博覧会見学の上京以来94歳で亡くなるまで東京は富太郎の植物研究のホームグラウンドであった。また、東京植物同好会では、都内各地で採集を行った。

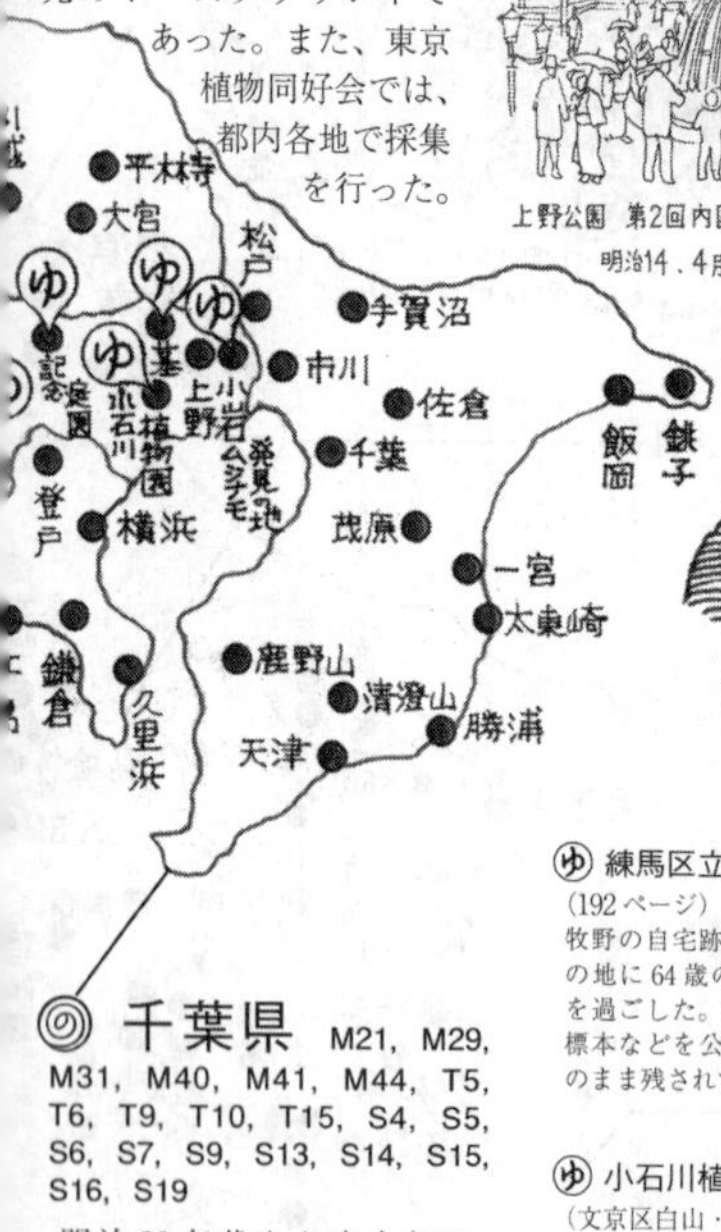

上野公園 第2回内国勧業博覧会の見学
明治14.4月. 富太郎 19才

採集地はどこでもよい。然し私の経験では東京中心なら、下総では国府郷、志村の原、海岸に近い土地では鎌倉、逗子、葉山、大磯の高麗山、箱根、房州では銚子、また多摩川の登戸、飯能などがよいと思ふ。

婦人画報　昭和17年5月号より

田中芳男
1838−1916

博物局で田中芳男に会う

明治14年、はじめての上京で富太郎は小学掛図を刊行したあこがれの学者、田中芳男を訪ね、田中から本格的な植物研究の道をすすめられる。

〈東京ゆかりの地〉

ゆ 練馬区立牧野記念庭園
(192ページ)（練馬区東大泉）
牧野の自宅跡に整備された。この地に64歳の頃から94歳までを過ごした。牧野の書斎や植物標本などを公開。庭も一部当時のまま残されている。

ゆ 東京都立大学「牧野標本館」
(185 〜 187ページ)（八王子市南大沢）
牧野が残した約16万点におよぶ標本を保管している。

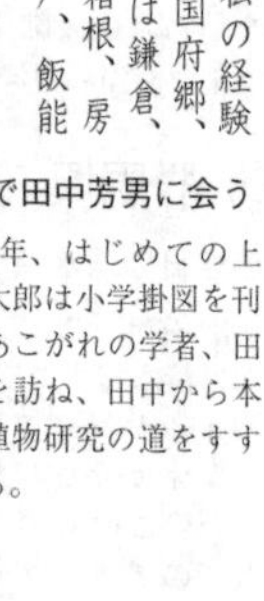

ゆ 小石川植物園 (60・61ページ)
（文京区白山・東京大学大学院理学系研究科附属植物園本園）
生涯の研究拠点となった。

ゆ 牧野富太郎の墓
(55・56ページ)
（台東区谷中天王寺墓地）

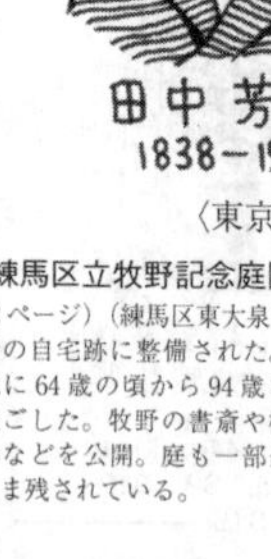

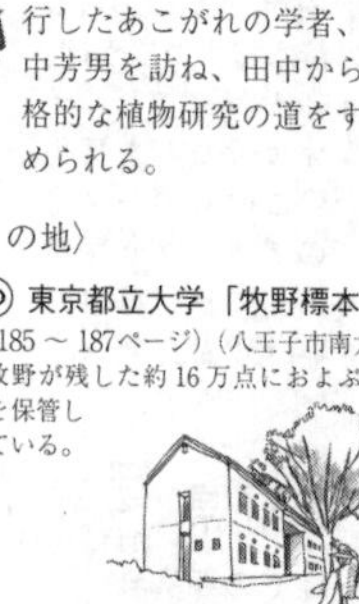

ゆ ムジナモ発見の地 (71〜75ページ)（江戸川区小岩）
明治23年、江戸川のそばで奇妙な食虫植物ムジナモを発見。現在は同地の小岩菖蒲園内に発見の記念碑がある。

千葉県

M21, M29, M31, M40, M41, M44, T5, T6, T9, T10, T15, S4, S5, S6, S7, S9, S13, S14, S15, S16, S19

明治20年代から富太郎は清澄山にたびたび採集に出かけた。この山で採集し、命名した植物にはキヨスミミツバツツジなどがある。

キヨスミミツバツツジ

◎ 山梨県 M40, S5, S7, S9, S10, S11, S19, S20

昭和20年5月、空襲の被害を避け、山梨県巨磨郡穂坂村に疎開する。

昭和20.10/10. 疎開先の土蔵でキノコの図を描く富太郎83才

◎ 埼玉県 M19, M21, M28, M30, M40, S4, S5, S6, S12, S14, S15, S16

昭和5年、この頃富太郎はササの分類に熱中しており、この日は平林寺で新種のササを発見し、ヘイリンジザサとの命名を宣言し、境内の鐘を打ち鳴らしたため、寺の僧侶たちに一喝された。それに腹を立てた富太郎は即座にその名をヒザオリザサと変えた。

◎ 静岡県 M24, M27, M32, M36, M41, T3, T6, T7, T8, T9, S2, S6, S7, S10, S11, S12, S13

明治24年の富士登山以来、富士周辺では何度も採集をしている。富士の名のつく植物の中でもフジイバラは特にお気に入りで、旧制静岡高校の校章のデザインのモチーフとした。

旧制静岡高校の校章をデザイン

火山を二つ割にして理科の教材にすべし

それには伊豆の小室山がもってこいである。

◎ 神奈川県 M14, M19, M21, M23, M24, M26, M27, M28, M29, M33, M34, M37, M38, M39, M44, M45, T9, T10, T12, T13, T15, S2, S5, S6, S7, S8, S9, S10, S11, S12, S13, S15, S19

明治14年のはじめての上京以来、神奈川県内は、横浜植物会での採集で各地をまわった。特に箱根には足繁く通った。

横浜港から陸蒸汽で東京へ
明治14.4月 はじめての上京で、富太郎 19才

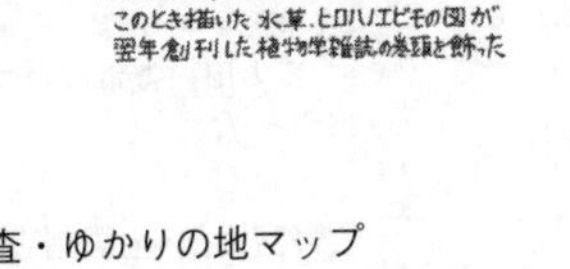

明治19.9月、芦の湖でスケッチをする。24才
このとき描いた水草、ヒロハノエビモの図が翌年創刊した植物学雑誌の巻頭を飾った

植物学雑誌 創刊号.1887
「日本産ひるむしろ属の研究」

富山県　S10

昭和10年8月17日、富太郎を迎えて、立山植物研究会が開催された。一の越で同行の者が「先生が名前をつけられたチョウノスケソウはまだ健在です」と案内すると、「名付け親が来たぞェ」と斜面のガラ場に腹ばいになって頬ずりした。

立山でチョウノスケソウに出会い…「名付け親が来たぞェ」73才

須川長之助
1842—1925

マキシモヴィッチ博士の研究を支えた岩手の農民。立山で彼が採集した高山植物に後に富太郎がチョウノスケソウと和名を与えた。

黒部はいれば　千尋の谷の
橋は飛鳥の　背を見る

黒部峡　牧野結網

岐阜県　M26, M32, M35, M38, T3, T6, T14, S10

美濃大垣の医師、飯沼慾斎は植物を日本ではじめてリンネの分類法でまとめた「草木図説」を完成させた。富太郎はこれをもとに新たに分類を考訂し、「増訂草木図説」を出版。この書は「牧野日本植物図鑑」が出版されるまで約40年間、人々に用いられた。

植物図鑑の元祖　飯沼慾斎
1783—1865

草木図説より模写

愛知県　M26, M27, M35, T3, T10, S12, S14, S15

伊藤圭介
1803—1901

名古屋の本草学者伊藤圭介は、シーボルトから分類学を学んだ。明治15年富太郎は伊藤に質問状を送り、その後も交流を続けた。彼の没後昭和14年には伊藤の銅像除幕式にも出席している。若い頃伊藤に書いてもらった「繇條書屋」の額は、晩年まで富太郎の書斎にかけられていた。

伊藤圭介の額を生涯大切にした富太郎

◎石川県 S2, S10

昭和10年8月、富太郎は73歳にしてはじめて念願の白山・立山に登ることになった。一ノ瀬から白山室堂を経て頂上をめざし、下山まで3日かけて登山採集した。右はそのとき作った都々逸。

雨の白山　峰から嶺と
雲を帯たる　花を採る
牧野結網

◎福井県 S10

昭和10年8月6日、福井県博物学会と県内各地の教員会の主催で、富太郎を招き、大野町で植物採集が行われた。富太郎はその後、白山に向かった。

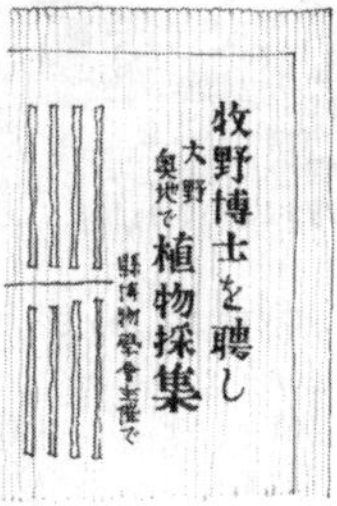

牧野博士を聴し
大野奥地で植物採集
縣博物學會主催で

◎三重県 M14, M38, T13, S9, S11, S12

大正13年、富太郎は神宮司庁の依頼により、伊勢神宮の立木調査を行った。その年の4月18日に開始、12月26日に完了。その成果は「神宮神域の立木調査」としてまとめられた。

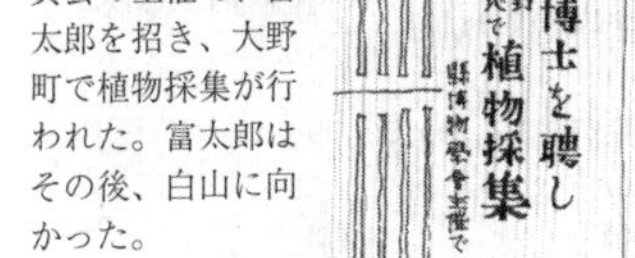

伊勢路の富太郎から寿衛へのたより
明治38.10/6.富太郎43才
夫婦愛の肖徴、二見浦の夫婦岩の絵はがきだが、内容は標本の始末の指示のみ。

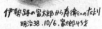

滋賀県

M14, M26, M27, M38, M39, T8, S6, S8, S10, S15

神農も 伊吹山には 仰天し

明治14.5月. 伊吹山 採集 富太郎19才

明治14年、はじめて上京した帰り道、関ヶ原で同行者と別れ、一人伊吹山に登り、イブキスミレを採集した。

京都府

M26, M27, M38, T6, T7, T8, T10, T11, S4, S5, S7, S8, S9, S10, S11, S13, S15, S16

昭和7.4月. 桂離宮を見学する富太郎70才

昭和7年4月、富太郎は旧知の田代善太郎と春らんまんの京都を楽しんだ。4月11日には修学院離宮と桂離宮を訪ねている。

奈良県

T7 ,T8 ,T9 ,T10 ,S2 ,S9 ,S15

類ひ無き 蔓万両を佐山なる 妹山に採る 吾れ幸ある日

秋に美しく赤い実のなるツルマンリョウを富太郎は気に入り、園芸雑誌に紹介している。昭和15年7月20日、大和上市妹山で奈良県の許可を得て、念願の採集を行った。

昭和15.7/2 妹山にてツルマンリョウ採集 富太郎78才

和歌山県

T9, T13, S3, S4, S6, S14

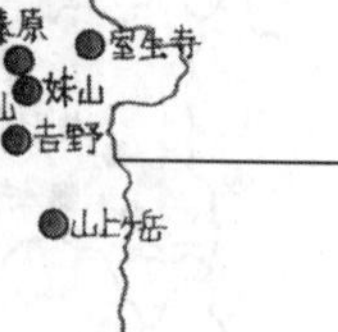

K. Minakata 1867-1941

博物学の巨人 VS 植物分類学の父

紀州田辺の南方熊楠はアメリカに渡ったとき富太郎の「日本植物志図篇」を取り寄せ、富太郎に植物の質問状も送っている。富太郎は熊楠全集などの著作を購入している。しかし富太郎が田辺を訪れたときは、まず相手が先に挨拶に来るべきだと互いに意地を張り合い、会わずじまいに終わった。

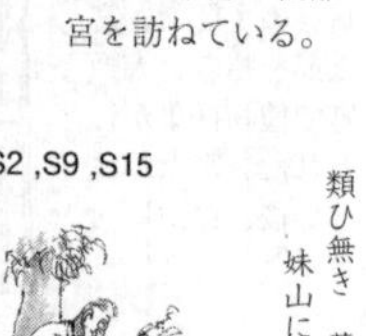

T. Makino 1862-1957

◎ 兵庫県

M20, M26, T5, T6, T7, T8, T10, T11, T14, S2, S3, S4, S5, S6, S7, S8, S9, S10, S11, S12, S13, S14, S15, S16

大正７年に開設された池長植物研究所は富太郎の関西の植物調査の拠点となった。

〈兵庫ゆかりの地〉

ゆ 会下山小公園 （100～102ページ）（神戸市兵庫区会下山町）
牧野を援助した池永孟が設立した「池永植物研究所」跡にある公園。牧野公園とも呼ばれ、ゆかりの植物が地元の人たちによって大切に育てられている。

ゆ 六甲高山植物園
（83ページ）（神戸市灘区六甲山町）
日本で最も古い高山植物園。昭和８年、牧野の指導によって開園した。

ゆ のじ菊の里公園
（86ページ）（姫路市大塩）

◎ 大阪府

M39, M42, T5, T6, T7, T8, T9, T10, T11, T13, S2, S3, S4, S5, S6, S7, S8, S9, S10, S11, S12, S13, S15, S16

昭和12年、古来より和楽器のひちりきの歌口として宮中に納められてきた大阪府摂津市の鵜殿のヨシを調査。また、昭和８年９月15日には大阪植物同志会の仲間と江戸時代からの名産「吹田クワイ」の調査を行った。

◎鳥取県 M39, S3, S10, S13

明治39年、富太郎は岡山県津山での講習会の後、倉吉、鳥取を経て8月21日大山に登山。途中、大山にしか自生していないダイセンクワガタを採集した。

大山を行く富太郎，明治39.8月
44才

◎岡山県 M39, M41, T2, T3, S10

大正3年8月5日、新見市での講習会の際、黒髪山の頂上付近で新種のマンサクを発見。さっそくクロカミマンサクと命名しようとしたところ、同行の山口国太郎が黒髪山だけでなく阿哲地方全体に自生するから「アテツマンサク」としてほしいと進言し、名前が決まった。

アテツマンサク

◎カキツバタの里にて

昭和8年6月4日、広島文理科大学の人たちと八幡高原でカキツバタの群落に行きあたり、思わず花をシャツに摺り付けて、昔の人の気分を味わう。下はその時作ったうた。

広島県 八幡村 カキツバタ見学
昭和8.6/4.富太郎 71才

◎ 島根県 S3

昭和3年8月11日、富太郎は鳥取から山陰線で宍道湖を望みながら羽根駅に到着。12日、六日市から馬が曳くトロに乗り、営林署鹿足河内作業所に到着。そこで3日間シラタキヅルなど大量の植物を採集した。

汽車の連結部から望む宍道湖の夕景
胴乱は補助席替りにもなる
昭和3.8月.富太郎66才

◎ 山口県 S6, S9, S10

昭和6年12月8日、富太郎は山口女子師範学校の人たちと虹ヶ浜に黄菊を採集に行き、その場で「ニジガハマギク」と命名。昭和7年の「植物研究雑誌」第8巻2号に新種として発表した。

ニジガハマギク

◎ 広島県 M31, M41, M44, S3, S6, S8, S10, S12, S13, S15

富太郎は、昭和7年頃から広島文理科大学の臨時講師としてたびたび広島を訪れた。野外実習では、三段峡、八幡高原、帝釈峡などに行った。昭和12年10月9日には、三段峡で蜂に襲われ、7ヶ所を刺されてしまった。娘に宛てたハガキにその時作った歌が書かれている。右がそれ。

広島文理科大学の人たちと記念撮影
富太郎 70代

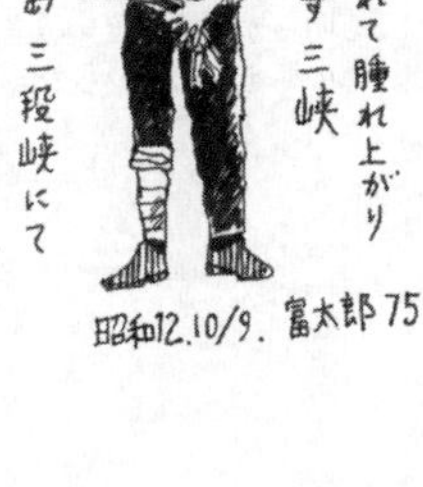
七ところ蜂にさされて腫れ上がり
痛き記念を残す三峡
広島三段峡にて

昭和12.10/9. 富太郎75才

◎香川県 M26, M39

明治26年、東京帝国大学理科大学に助手として採用された年に高知への出張命令が出され、多度津経由で四国山地を歩いている。また、高松市の牟礼町で採集したカラスノゴマは、明治36年に植物学雑誌に発表している。

◎徳島県 M42

明治42年8月、徳島教育会主催の剣山植物講習会で富太郎は採集に夢中になり、迷子となったが、会員の必死の捜索により見つかった。

◎高知県 1862～1881（M14）, M18, M24～26, T2, S9, S11, S13

温暖多雨で多様な地形に恵まれた土佐は植物が豊かで、少・青年期の富太郎の天然の教場であった。特に越知町横倉山とヤマトグサ発見の地、名野川には幾度も出向き、採集をしている。これらの地が、日本全土の植物を明らかにするという若き富太郎の夢を育んでいった。

〈高知ゆかりの地〉（高知市）

ゆ 五台山・高知県立牧野植物園

（本文91、185ページなど）

牧野富太郎の業績を顕彰するため開園。博物館相当施設「牧野富太郎記念館」を併設。

牧野富太郎記念館

◎ 愛媛県　M13, M18, M26, M41, T11, S6, S8, S13, S15

明治13年7月、18歳の富太郎は、はじめて石鎚山に採集に来ている。その後愛媛県にはたびたび訪れ、オモゴザサ、イワヤシダ、キシツツジなどを発表した。

◎ 土佐西南部への遠征

明治18年秋の西南部への採集旅行は約1ヶ月に渡り、ローマ字による克明な記録が残されている。

〈高知ゆかりの地〉（佐川町）

◎ ヤマトグサ発見の地、名野川

植物採集で頻繁に通った名野川の医者、大倉遊仙は植物に詳しく、いつも富太郎を案内した。ふたりの楽しい逸話が残されている。

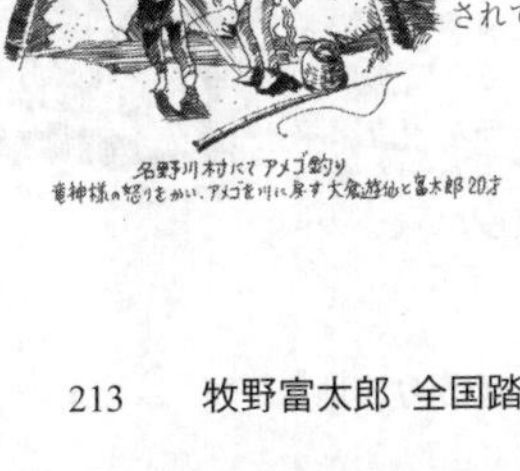

ⓨ 牧野富太郎ふるさと館（176ページ）平成25年4月、生家跡にオープン。愛用していた植物採集のための道具などが展示されている。

ⓨ 金峰神社（174·175ページ）生家そばにある神社。毎年2月ごろ、神社の急な石段のそばに牧野が愛したバイカオウレンの花が咲く。

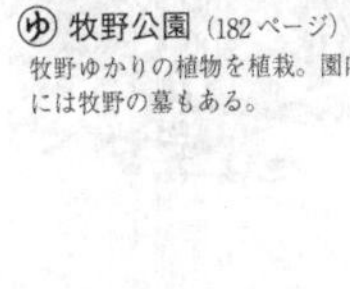

ⓨ 牧野公園（182ページ）牧野ゆかりの植物を植栽。園内には牧野の墓もある。

福岡県 M39, M44, T11, S7

明治39年から毎年夏、九州で田代善太郎の努力で富太郎を講師とした講習会が開かれた。第1回は福岡の古処山、英彦山で行われた。田代は生涯敬意を持って富太郎に接し、多くの標本を提供した。

田代善太郎
1872－1949

携へて 草木を採りし 筑紫路の
昔思へば その人なつかし
逝きし田代善太郎くんを偲のぶ
牧野結網九十一歳

大分県 M44, T11, S7, S13, S15

大分県犬ヶ嶽から転落、重傷
昭和15.11/13.富太郎78才

昭和15年11月13日、犬ヶ嶽で採集しようとして誤って崖から転落し、重傷。それから年末まで別府温泉で療養し、全快して大みそかに帰京した。

宮崎県 M42, S7

霧島で遭難劇

明治42年、第4回夏期講習会の際、猛烈な豪雨に見舞われ、あわや遭難しかけた。この時採集したノカイドウは富太郎が命名した。

鹿児島県 M42, M43, T3, S3, S7, S13

屋久島の森の中

明治42年9月1日、富太郎は念願の屋久島に渡った。9日までの滞在中には宮之浦岳にも登っている。この時の採集品からカンツワブキなどを新種発表している。

ヤクシマ産 カンツワブキ

満州（現中国東北部） S16

昭和16年5、6月、富太郎は満州に渡り、老爺嶺でサクラの調査を行った。約40日間で、5,000点の標本を持ち帰った。

昭和16.5月
満州老爺嶺にて。富太郎79才

台湾 M29

明治29年、日清戦争で日本の領土となった台湾に、植物調査に渡った。基隆と台北の間で描いたタカサゴユリの図は、現在牧野植物園で保管されている。

明治29.11月.台北近辺の鉄道沿線でタカサゴユリ写生
富太郎 34才

佐賀県 S7, S13

昭和7.8/15.黒髪山にカネコシダ見に行く
富太郎 70才

昭和7年8月15日、富太郎は黒髪山でカネコシダの自生地を訪ねた。このシダは明治37年、長崎の金子保平がこの山で発見、富太郎が和名をつけた。

長崎県 M35, M40, M41, S7, S9, S13

明治41年8月、第3回植物夏期講習会を雲仙で開催した後、9月11日、水神宮のタチバナを見て、シーボルト邸を訪ねた。同行の田代の日記に「先生、低徊去るに忍びざる御様子なり」と記している。

シーボルト邸をなごりおしそうに去る
富太郎 46才

熊本県 M40, M41, M44, T11, S3, S7, S9, S13

明治40年8月、第2回植物夏期講習会が阿蘇山で開催された。富太郎は8月30日に阿蘇に登り、ツクシゼリやタマボウキを多く採集した。

阿蘇噴火口で講習会
危険すぎる記念撮影 明治40.8月.富太郎45才

牧野富太郎の生涯　略年譜

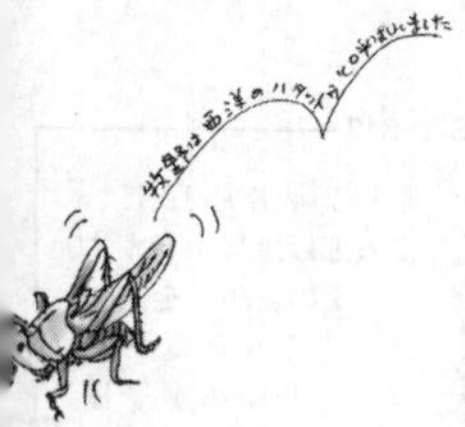

少の頃の思いでは
母につれていってもらった
はじめての海
てはかえす波が不思議で
いつまでもみていた

草は…

文久2（1862） 4月24日誕生	土佐国高岡郡佐川村（現在の高知県高岡郡佐川町）に一人息子として生まれる。父佐平、母久壽、幼名成太郎。生家岸屋は酒造と雑貨を営む裕福な商家だった。
慶応元（1865） 3歳	父、佐平病死。
慶応3（1867） 5歳	母、久壽病死。
慶応4（1868） 6歳	祖父、小左衛門病死。この頃富太郎と改名。祖母浪子に育てられる。 ▶1868 明治維新
明治5（1872） 10歳	土居謙護の寺子屋で習字を学ぶ。 ▶1872 鉄道開通
明治6（1873） 11歳	伊藤徳裕（蘭林）の塾で漢学を学び名教館で西洋の諸学科を学ぶ。英語学校の生徒となる。 後の妻、小澤寿衛生まれる。
明治7（1874） 12歳	佐川小学校に入学。
明治9（1876） 14歳	佐川小学校入学後は、２年で小学校の授業に飽きて自主退学。文部省掛図「博物図」だけには興味を覚える。退学後、植物採集などして過ごす。この頃「重訂本草綱目啓蒙」や「救荒本草」で植物の名前を憶える。
明治10（1877） 15歳	請われて佐川小学校授業生（臨時教員）となる。昆虫にも興味を持ち、採集する。
明治11（1878） 16歳	親友の父（堀見久庵）から「植学啓原」を借り写本する。
明治12（1879） 17歳	臨時教員を辞めた後、高知市に出て、弘田正郎の五松学舎に入塾する。 コレラが流行り佐川に帰る。

植学啓原」を描き写す 16才

お伴をつれて採集旅行

明治 13（1880） 18 歳	石鎚山登山。植物の写生図を描き、観察記録をつくる。 高知中学校教員永沼小一郎を知り、欧米の植物学の影響を受ける。
明治 14（1881） 19 歳	第 2 回内国勧業博覧会見物と、顕微鏡や書籍の購入のため初めて上京。農商務省博物館に田中芳男らを訪ねる。日光、箱根、伊吹山などで採集し、佐川に帰る。高知県西南部に 1 ヵ月採集旅行。足摺から柏島、沖の島にも採集。この頃、自由民権運動にたずさわる。
明治 15（1882） 20 歳	小野職愨、伊藤圭介に植物の質問状を出す。本格的に植物の研究を始める。
明治 17（1884） 22 歳	二度目の上京。東京大学理学部植物学教室へ出入りが許され、教授矢田部良吉と助教授松村任三を知る。この年より明治 26 年までの間、東京と郷里をたびたび往復し、土佐では採集と写生に励む。日本植物誌編纂の大志を抱く。
明治 19（1886） 24 歳	上京しコレラを避け箱根に滞在。 芦ノ湖の水草を研究。石版技術を習う。
明治 20（1887） 25 歳	市川延次郎、染谷徳五郎と「植物学雑誌」創刊。巻頭論文に「日本産ひるむしろ属」掲載される。 祖母浪子病死。ロシアのマキシモヴィッチに標本を送る。
明治 21（1888） 26 歳	この年、寿衛と東京根岸に所帯を持つ。 「日本植物志図篇」刊行を始める。
明治 22（1889） 27 歳	「植物学雑誌」第 3 巻第 23 号に大久保三郎と日本で初めて新種ヤマトグサに学名を付ける。 佐川理学会発足。横倉山でコオロギラン発見。マキシモヴィッチに標本を送る。

▶ 1886 帝国大学令発令

東京大学植物学教室に出入りゆるされる　富太郎 22才

ゾロゾロ……
ある日の植物採集会

に 牧野センセイが いた
東京植物同好会
太郎 79才

暮れの
マキノの

明治23（1890）28歳	東京府小岩村でムジナモ発見（5月）。矢田部教授より植物学教室出入りを禁止され、ロシアのマキシモヴィッチの元に赴こうとするが、翌年マキシモヴィッチの死去により断念。
明治24（1891）29歳	実家の家財整理をするため帰郷。高知県下の採集を行う。「日本植物志図篇」第1巻第11集で中断。
明治26（1893）31歳	帝国大学理科大学助手となる（9月）。月俸15円。
明治29（1896）34歳	台湾に植物採集のため出張する。
明治32（1899）37歳	「新撰日本植物図説」刊行を始める。
明治33（1900）38歳	農事試験場嘱託となる。パリ万博に竹の標本を出品。「大日本植物志」第1巻第1集発行。
明治34（1901）39歳	「日本植物考察（英文）」を植物学雑誌に連載開始。「日本禾本莎草植物図譜」刊行始める。「日本羊歯植物図譜」刊行始める。
明治35（1902）40歳	ソメイヨシノの苗木を郷里佐川と高知市五台山に送る。「大日本植物志」第1巻第2集発行。
明治38（1905）43歳	経済困窮、米カーネギー財団へ補助金を要請する。
明治39（1906）44歳	この年から明治44年まで、毎年九州各地で夏期植物講習会に参加。「日本高山植物図譜」（三好学と共著）刊。「大日本植物志」第1巻第3集発行。
明治40（1907）45歳	東京帝室博物館天産課嘱託となる。「増訂草木図説」1輯刊。

▶1894 日清戦争

つまり各国人をアット言わせるものを作りたいのだ。
そして、日本人はこのくらい仕事をするぞと誇示するに足るものを作らねばならん。
帝国大学理科大学植物学教室助手室にて
「大日本植物志」創刊のころ，38才

明治 42（1909） 47 歳	横浜植物会創立、指導に当たる。 新種のヤッコソウを発表。
明治 43（1910） 48 歳	東京帝国大学理科大学を休職となる。
明治 44（1911） 49 歳	千葉県立園芸専門学校嘱託となる。 東京植物同好会創立、会長となる。
明治 45（1912） 50 歳	東京帝国大学理科大学講師となる。 「大日本植物志」第１巻第４集発行。
大正 2（1913） 51 歳	来日したドイツの植物学者エングラーと日光採集（７月）。 高知帰省（８月）。
大正 3（1914） 52 歳	この頃、経済極度に困難。 「東京帝室博物館乾腊標本目録」刊。
大正 5（1916） 54 歳	東京朝日新聞に窮状の記事出る。神戸の素封家池長孟が援助を申し出る。 「植物研究雑誌」を創刊。
大正 11（1922） 60 歳	成蹊高等女学校の校長中村春二と知り合い、支援を受ける。
大正 13（1924） 62 歳	伊勢神宮調査。
大正 14（1925） 63 歳	「日本植物総覧」(根本莞爾と共著)刊。「日本植物図鑑」刊。
大正 15（1926） 64 歳	東京府北豊島郡大泉村（現在の練馬区東大泉）に居を構える。
昭和 2（1927） 65 歳	理学博士の学位を受ける。マキシモヴィッチ生誕百年祭に出席のため札幌に赴く。帰途、仙台で新種のササを発見。
昭和 3（1928） 66 歳	妻、寿衛死去（54 歳）。 新種のササにスエコザサと命名。
昭和 4（1929） 67 歳	「頭註国訳本草綱目」刊行開始、植物の考訂をする。

▶ 1931 満州事変

東京帝国大学、講師辞任
富太郎77才

学をご進講
才

昭和7（1932） 70歳	広島文理科大学非常勤講師として学生を指導。「原色野外植物図譜」刊。	
昭和8（1933） 71歳	「植物研究雑誌」主筆を退く。	
昭和9（1934） 72歳	高知帰郷（8月）。 「牧野植物学全集」刊行始まる。	
昭和10（1935） 73歳	岡山、広島、鳥取、三県植物採集会を指導。 「趣味の植物採集」刊。	
昭和11（1936） 74歳	高知帰郷（4月）。 「牧野植物学全集」全6巻 附録1巻を完成。	▶1936 二・二六事件
昭和12（1937） 75歳	「牧野植物学全集」の出版により朝日文化賞受賞。	
昭和13（1938） 76歳	高知帰郷（12月）。 「趣味の草木志」刊。	
昭和14（1939） 77歳	東京帝国大学へ辞表を提出、講師辞任。	
昭和15（1940） 78歳	大分県犬ヶ岳で採集中に転落事故（11月）。年末まで別府で静養。 「牧野日本植物図鑑」、「雑草三百種」刊。	
昭和16（1941） 79歳	旧満州（現在の中国東北部）へサクラ調査に赴く。池長孟より標本が返還される（8月）。 安達潮花より標品館の寄付を受ける。	▶1941 太平洋戦争開戦
昭和18（1943） 81歳	「植物記」刊。	
昭和19（1944） 82歳	「続植物記」刊。	
昭和20（1945） 83歳	空爆により標品館の一部に被弾。 山梨県巨摩郡穂坂村に疎開。帰京(10月)。	▶1945 東京大空襲、終戦
昭和21（1946） 84歳	個人誌「牧野植物混混録」第1号復刊。	▶1946 天皇の人間宣言

神社の境内で 標本作り
79才

昭和 22（1947） 85 歳	「牧野植物随筆」刊。
昭和 23（1948） 86 歳	皇居に参内、昭和天皇に植物学御進講。 「趣味の植物誌」、「続牧野植物随筆」刊。
昭和 24（1949） 87 歳	大腸カタルで危篤となるが奇跡的に回復。
昭和 25（1950） 88 歳	日本学士院会員となる。 「図説普通植物検索表」刊。
昭和 26（1951） 89 歳	文部省に牧野博士標本保存委員会設置される。標本整理始まる。 第 1 回文化功労者となる。
昭和 27（1952） 90 歳	佐川の生家跡に「誕生の地」の記念碑建つ。
昭和 28（1953） 91 歳	東京都名誉都民となる。 「随筆植物一日一題」刊。
昭和 29（1954） 92 歳	風邪をこじらせ肺炎となり病臥する。
昭和 30（1955） 93 歳	東京植物同好会が牧野植物同好会として再開。 この年、ずっと病臥。上村登「牧野富太郎伝」刊。
昭和 31（1956） 94 歳	高知県高知市五台山に牧野植物園設立決定。佐川町名誉町民となる。病状悪化、危機を脱するも、11 月、再び重体となる。 昭和天皇よりお見舞いのアイスクリームが届く。 「植物学九十年」、「牧野富太郎自叙伝」刊。
昭和 32（1957） 1 月 18 日逝去 94 歳 9 ヶ月	家族に見守られ永眠。 没後、文化勲章を授与される。東京都谷中霊園に葬られる。故郷佐川町に分骨。
昭和 33（1958） （没後 1 年）	高知県立牧野植物園開園。 東京都立大学理学部牧野標本館開館。 練馬区牧野記念庭園開園。

▶1949 湯川秀樹ノーベル物理学賞受賞

ワカキノサクラ

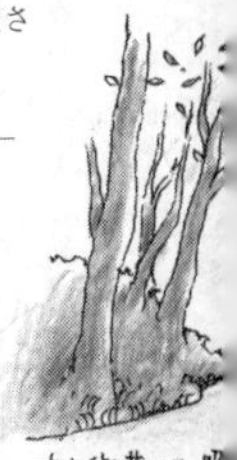

吹上御苑にて

日本学士院会員となる

ああ これで わしも老人の仲間
富太郎 88才

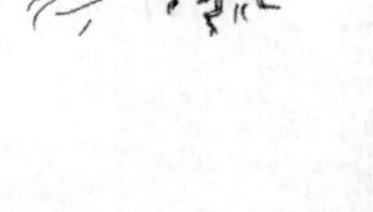

新装版あとがき

いったい牧野富太郎をどんなふうに書けばいいのか。

彼が書いたものを読んだ。彼について書かれたものを読んだ。そして、旅に出ることにした。牧野富太郎をめぐる旅である。北海道利尻島から、仙台、東京、神戸、高知県佐川町、屋久島…もちろんそれは彼の足跡に到底及ばぬものであったけれども。

本格的な登山に初めて挑み、山野を歩いて植物を探し歩き、ゆかりある人や植物学者たちに会った。ずっと牧野のことを思いながらの濃密な旅の時間だった。何が分かったか。日本の豊かな自然だった、としか言いようがない。

雑草や雑木林という言葉を牧野は嫌悪した。どんな植物にも固有の名前がある。雑草雑木というようなものは存在しない。親しい友人の名を知らぬ人はいないように。なるほど植物分類学というのは、そういうことなのか。旅で得た体感をもって、牧野富太郎を書くことにした。

本書に新事実はない。「牧野富太郎自叙伝」を中軸として、これまで書かれた伝記や評伝、そしてフィクションを含む小説までも読み解き、引用しながら、彼の生涯をたどった。

高知新聞の連載記事である。7部構成で70回掲載された。その後に連載をまとめた形で立派な単行本として刊行され、今回新装版として再び出版されることになった。牧野の命名やゆかりの植物たちは今も、全国各地で綿々と植生を続けている。軽やかな体裁になった本書を手にして、ぜひ牧野をめぐるボタニカルな旅に出てもらいたいと思う。

今年、牧野富太郎博士生誕160年。「牧野植物図鑑」の版元である北隆館から、こうして再び新装版として刊行されることは、どこか歴史にもつながる心持ちのする夢のような出来事だ。

2022年5月　高知新聞社　竹内　一

イラスト：里見和彦（高知県立牧野植物園）

協力：高知県立牧野植物園
国立科学博物館
佐川町教育委員会
東京都立大学牧野標本館
東京大学大学院理学系研究科附属植物園
練馬区立牧野記念庭園

MAKINO

—生誕160年　牧野富太郎を旅する—

2022年 7月 1日　初版発行
2023年 8月 20日　3刷発行
〈図版の転載を禁ず〉

編　者　高知新聞社
発行者　福田久子
発行所　株式会社 北隆館
〒153-0051 東京都目黒区上目黒3-17-8
電話03(5720)1161　振替00140-3-750
http://www.hokuryukan-ns.co.jp/
e-mail : hk-ns2@hokuryukan-ns.co.jp

印刷所　大盛印刷株式会社

ISBN978-4-8326-1013-2 C0240

本書は2014年に出版された単行本『MAKINO』を新書判として再編したものです。その内容は高知新聞の連載「淋しいひまもない—生誕150年牧野富太郎を歩く」(2012年11月14日から2013年5月27日まで計70回)をまとめたものであり、文中に登場する関係者の所属や年齢は新聞連載時のものをそのまま掲載しています。